野辺陽子／松木洋人／日比野由利／和泉広恵／土屋 敦

〈ハイブリッドな親子〉の社会学

血縁・家族へのこだわりを解きほぐす

青弓社

〈ハイブリッドな親子〉の社会学——血縁・家族へのこだわりを解きほぐす

目次

第4章　「施設養護」での育児規範の「理想形の上昇」
――一九六〇年代後半から七〇年代前半を中心に

土屋　敦

装丁――Malpu Design［清水良洋］

はじめに

野辺陽子／松木洋人

家族の条件は血縁か

「家族とは何か」「親子とは何か」

この問いに、みなさんはどう答えるだろう。血縁関係があること?、心のつながりがあること?、同じ戸籍に記載されていること?

多くの人は「お父さん、お母さんがいて、血のつながった子どもと一つ屋根の下で仲良く暮らしている家族」を「普通」の家族だと考えているのではないだろうか。しかし、このような家族は近代化という歴史の流れのなかで徐々に一般化してきたものであり、いつの時代でも、どこの社会でも「普通」の家族だったわけではない。とはいえ、現在でも、このような家族、いわゆる近代家族は法律やその他の社会制度によって強固に守られ続けている。

他方で、最近では、「普通」とされている家族をつくれない人たちやつくりたくない人たちが「もっと自由に家族や親子をつくりたい」と社会のなかで積極的に声をあげ始めている。例えば、不妊のカップルや同性カップルなどにとっては、「お父さん、お母さんと血のつながった子ども」というような血縁を条件とする親子観は窮屈であり、葛藤のもとになることもあるだろう。

血縁にこだわらない家族のかたち?

私たちは家族に何を求めているのだろう。もし、私たちが家族に求めるものが、心のつながりやケア、経済的な安心であるなら、家族に婚姻や血縁は必ずしも必要ないのではないか。そもそも、DV(ドメスティック・バイオレンス)や児童虐待に関する事件が連日のように報道されることからもわかるとおり、「お父さん、お母さんと血のつながった子ども」で成り立っている家族でも、メンバー間に心のつながりがなく、ケアがうまくおこなわれないケースはいくらでもある。

そこで、婚姻や血縁にこだわらずに家族をつくろうという「新しい家族」についての議論が近年、盛んにおこなわれている。例を挙げると、大人同士のパートナー関係なら、事実婚カップル、同棲カップル、同性カップルなど、そこに子どもが加わった関係なら、ステップファミリー、養子縁組、里親養育、第三者が関わる生殖補助医療によって形成された親子関係などである。このような婚姻や血縁によらない家族のかたちが社会に存在することが、積極的に世の中に紹介されるようになってきている。

ハイブリッドな親子・子育てへの関心の高まり

親子関係に限ると、「血縁を超える」「家族を超える」といったフレーズで、出産・子育ての過程に生みの親以外の人間が関与することで形成される複合的な親子関係に注目が集まり、各種メディアで肯定的に報道されている。その背景には、先ほど説明したような「普通」とされている家族への疑問の高まりがある。

しかし、生みの親以外の人々が子どものケアを担う場合には、近代家族を前提とする制度や社会規範がさまざまな場面で壁として現れてくる。

では、家族がそのような壁にぶつかったとき、「新しい」実践と従来の制度との間で、どういう事態が起こるのだろうか。また、出産・子育てに生みの親以外の担い手が関わる親子関係にはさまざまなかたちがあるが、それらは社会で等しく認められていくのだろうか。

本書では、このような問題意識に基づいて、出産・子育てに生みの親以外の担い手が関わる親子関係を「ハイブリッドな親子関係」と名づけたうえで、それを主題としている。「ハイブリッド(hybrid)」とは、もともと「雑種、混成物」といった意味であり、工学や技術の分野では、二種類以上の要素を組み合わせた製品についてこの言葉を使う。「ハイブリッドな親子関係」とは、生みの親とそれ以外の「第三者」(それは「育ての親」だったり、ドナーだったり、保育者だったりする)が、子どもを結節点として、直接的あるいは間接的に組み合わさる場合に、どういうことが生じるのかに注目するために本書が新たに提示する言葉である。そして、さまざまな「ハイブリッドな親子関係」で、家族や血縁がどのように立ち現れてくるのかを描き出すことを試みている。

本書の構成とねらい

本書は以下のような構成をとっている。

まず、序章「「育児の社会化」を再構想する——実子主義と「ハイブリッドな親子関係」」(松木洋人）では、本書の主題である「ハイブリッドな親子関係」という視点の導入が、日本社会での「育児の社会化」を再構想するうえで有効であることを論じる。少子化を背景として、家族だけが子育ての責任を背負うことの問題が議論されている現在、この概念には、子どもが実親以外の多様なケア提供者と横断的に関係を形成する可能性があることを明らかにする効果がある。

これに続いて、第1章から第4章までの各章は、実親と実子だけで構成する親子関係とは異なる子育てのあり方やそれを支える制度に焦点を当てている。

第1章「代理出産における親子・血縁」（日比野由利）は、代理出産によって形成される親子関係を取り上げている。生殖技術の進展は、遺伝的母親と生物学的母親を分離することになったが、このことが代理出産の利用者、代理母、代理出産で生まれた子どもにとってどのような意味をもつのかを考察する。代理出産の広がりを抑止しようという動きがある一方で、この新たな生殖技術を利用して親になるという既成事実は積み重ねられていて、妊娠・出産への第三者の関与が家族にもたらすインパクトを把握しておくことは重要だろう。

第2章「特別養子制度の立法過程からみる親子観――「実親子」と「血縁」をめぐるポリティクス」（野辺陽子）は、戸籍上の養子の記載を実子と同様にして、実親子間の法的な権利・義務を消滅させる特別養子制度について論じている。特別養子制度の立法過程にさかのぼってその親子観を検討することによって、「血縁」や「実親子」という概念の意味が政治性をはらんでいること、そして、生みの親と子どもが分離される一方で、生みの親と分離できないものとして子どもの「アイデンティティ」の重要性が浮上してきたプロセスを浮き彫りにしている。

第3章と第4章はいずれも社会的養護の歴史的変遷について論じ検討しているが、第3章「「家族」のリスクと里親養育――「普通の家庭」というフィクション（和泉広恵）では、一九八〇年代から二〇〇〇年代までの里親制度に焦点を当てている。一九八〇年代以降、里親は支援が必要な存在という立場を獲得していくが、その正当性を支えていたのは、里親は「養育のプロ」ではなく「普通のお父さん、お母さん」であり、里親家庭は「普通の家庭」だという論理だった。そこには、社会的養護の一端を担う里親家庭を実親子がつくる家庭と同一視するという「フィクション」があることを指摘する。

第4章「「施設養護」での育児規範の「理想形の上昇」――一九六〇年代後半から七〇年代前半を中心に」（土屋敦）は、戦後から一九七〇年代前半までの施設養護をめぐる問題構制の変遷を描き出している。特に六〇年代後半から、「捨て子」などの「新しい児童問題」がマスメディアで盛んに取り上げられていくなかで、「最悪の家庭は最良の施設に優る」というホスピタリズムの論理が反転して、「問題がある家庭」で育つ子どもを保護することへの関心が高まっていく。この時期こそが、現在も続いている、子育ての「理想形の上昇」と、理想と異なる「劣悪な家庭」から子どもを引きはがす「遠心力」の作動が開始した時期だったと位置づけている。

最後に、終章「〈ハイブリッド〉性からみる「ハイブリッドな親子」のゆくえ――融合・反転・競合」（野辺陽子）では、「ハイブリッドな親子関係」という視点を導入する意義について改めて議論している。「血縁を超える／超えない」「家族を超える／超えない」という二分法から離れたところで、現代の親子関係の変化を捉えるための枠組みを探る。

以上のように、本書は個別の対象を扱った四つの章を総論的な序章と終章が挟み込むという構成をとっている。代理出産、特別養子制度、里親制度、施設養護と、読者それぞれが関心がある章から読み始めてもらってもちろんかまわないが、通読することによって、子どもにケアを提供する方法の多様な可能性だけではなく、それについて「ハイブリッド」という視点から考えることの意義がわかるようになっていると思う。

本書が、実親と実子だけで構成する親子関係とは異なるさまざまな子育てのあり方に対する読者の関心を喚起するきっかけになることを願っている。

序章　「育児の社会化」を再構想する
——実子主義と「ハイブリッドな親子関係」

松木洋人

はじめに——実子主義という規範

二〇一三年に公開された『そして父になる』という日本映画がある。是枝裕和監督による作品で、同年のカンヌ国際映画祭で審査員賞を受賞したこともあり、話題になった映画である。

都内で暮らす野々宮良多・みどり夫婦には、慶多という六歳になる子どもがいる。しかし、ある日突然、慶多を出産した群馬県前橋市の病院から呼び出され、出生時に子どもの取り違えがあったことを知らされる。取り違えられた子どもは琉晴と名づけられ、斎木雄大とゆかりの夫婦によって育てられていた。そして慶多は斎木夫婦の間に生まれた子どもだったのである。両家は、週末だけ子どもを交換して宿泊させることを繰り返したあと、お互いに「実の子ども」を育てるという決断をするが、交換された子どもたちは、それぞれの新しい「家族」になかなかなじむことができない。

この映画を観る者の印象に残ることの一つは、六歳まで育ててきた子どもが「実の子ども」ではなく、「実の子ども」は他人の手によって育てられていたという事実が、野々宮夫婦にもたらす葛藤だろう。子どもを交換して「実の子ども」を育てるのか、それともこのまま慶多を育てていくのか、良多とみどりは苦悩する。

ここで注目したいのは、このような良多やみどりの葛藤は、一度も会ったことがなかった琉晴を「実の子ども」として、親である自分たちと特別な関係にあるものと捉えることを前提に成り立っていることである。彼らが琉晴を引き取ろうとするとき、そこには、血縁がある「実の子ども」との関係を、それ以外の血縁がない子どもたちと比べて（場合によっては、慶多のように長い時間をともにしてきた血縁がない子どもと比べても）、特別で優先的なものとする規範がある。

本章では、この実子を血縁がない子どもよりも優位におく規範を「実子主義」と呼ぶ。観客が良多やみどりの葛藤や選択を理解し彼らに共感を寄せることも、この実子主義という規範によって可能になっていることからわかるように、現在の日本社会で、実子主義は一定の効力をもっている。

他方で、野々宮夫婦が慶多と琉晴を交換するべきか悩んだように、そして、子どもを交換したあとにも、みどりが琉晴との関係を徐々に形成していくなかで、慶多を「裏切っているみたいで」と言いながら涙を流していたように、これまで育ててきた子どもを手放すという選択も、むろん容易なものではない。たとえ血のつながりがないとわかったとしても、これまで親子として築き上げてきた慶多との関係性をなかったことにできるわけではない。つまり、実子主義は、血縁がある子どもをそうでない子どもと比べて優位におくものではあっても、血縁がない子どもとの関係性の歴史を消去するものではないのである。

本章の目的は、この実子主義という規範を補助線にして、日本社会での「育児の社会化」の方向性について検討することにある。実親と実子だけで構成する親子関係とは異なる「ハイブリッドな親子関係」を主題とする本書のほかの各章では、代理出産、養子縁組、里親養育、施設養護といった個別の対象に焦点を当てて議論しているが、本章では、各章の執筆者によるものも含めて、関連する研究の蓄積を横断的に参照することによって、実子主義や「ハイブリッドな親子関係」という視点の導入が、日本社会での「育児の社会化」の方向性を再構想するうえで有効であることを明らかにする。

1　文化としての実子主義／歴史のなかの実子主義

実子主義という観点から「育児の社会化」について検討するうえで、まず確認しておくべきことは、親子関係の成立は血縁という生物学的関係に還元されるものではなく、社会的な性質をもつということだ。これは社会科学的な家族研究にとってはごく基本的な知見である。

例えば、あまりに有名な研究例ではあるが、ブロニスワフ・マリノウスキーが報告するところによると、二十世紀初頭のトロブリアンド諸島では、子どもの妊娠は父親の精液とは関係がなく、死者の霊が女性の子宮に入ることによって生じると考えられていた。このため、夫は自分が数年にわたって家を不在にしている間に妻が妊娠・出産していたことを知ると、非常に喜び、その子を自分の子どもだと認めたという。(1) このように、生物学的な意味での父親という考え方が存在しない社会でも、父親を定める必要はあるとされる。(2)「生物学的親」と「社会学的親」との分析的区別が要請されるのはこのためである。(3)

そして、実子主義とは、この「生物学的親」であることを「社会学的親」であることよりも特別で優先的なものとする規範だと言い換えられるだろう。また、親やこれから親になろうとする者にとっては、この実子主義は、しばしば「生物学的親」であることと「社会学的親」であることとを一致させようという指向として表れると考えられる。

そのうえで、次に確認すべきは、この実子主義という規範は、人類学の研究が明らかにしてきたような文化的多様性の問題であると同時に、歴史的変化の問題でもあるということである。「日本の「家」は、血統の連続よりも「家」の連続を重視することが特徴とされてきた」(4) と整理されているように、「家」研究は、血縁を超える社会関係として「家」を捉えてきた。特に農民の「家」では、「生活共同体、労働組織としての「家」が続いていくことが、生きていく上で必須であったから、子どもがいなければ養子を迎えることも珍しくなかったし、村のなかでいったん途絶えた「家」を血のつながりのない人が再興することもあった」(5)。

しかし、田間泰子によれば、明治民法で家族の概念が、「戸主の親族にしてその家にあるもの及び配偶者」(第七百三十二条)に限定されているように、明治期から、「家」あるいは家族を「血縁的関係によってのみ成立するものとして観念」するような「家族の血縁性の強化[6]」が生じてくるという。

このこととあいまって、親子の概念も、生活集団としての「「オヤコ」から、父・母・子という関係のみで規定しうる血縁的「親子」へと変質する[7]」。柳田國男がトリアゲオヤ、ヒロイオヤ、ナオヤ、エボシオヤなど、オヤコ関係を表す多様な語彙を列挙しているように、「親という漢字をもって代表させているけれども、日本のオヤは以前は今よりもずっと広い内容をもち、これに対してコという語も、また決して児または子だけに限られていなかった[8]」。そして、実父母以外にも「いろいろのオヤと、これに対するいろいろの子の存することを、以前の思想においては少しも異としなかった[9]」。柳田の親子・オヤコ論の眼目は、このように血縁によって結び付いた実親子の関係を、さまざまなオヤコ関係の一種と位置づけることにあったが、柳田が記述の対象としていたような親子・オヤコ関係の「ハイブリッド性」は、日本社会の近代化が進行するなかで徐々に失われていく。

要するに、近代家族の特徴のなかに「非親族の排除」が含まれているように[10]、近代社会の成立に伴って生じた変容の一つが、非血縁者をその成員から排除する家族概念の成立だったのである[11]。非親族と区別された家族成員のなかでも、とりわけ夫婦間の愛情の所産であり夫婦による愛情の対象でもある実子がいなくては、近代家族の重要な理念が実現しえないことを考えれば、「血縁主義の一種ともいえる実子主義[12]」は、近代家族の問われざる前提になっている。言い換えれば、近代家族とは、論理的には独立したものである「生物学的親」と「社会学的親」との一致を規範的に前提とする家族である。そして、そのような近代家族の成立と大衆化のプロセスとは、日本社会で親子関係の「ハイブリッド性」が衰退していくプロセスでもあったということができるだろう。

次節以降では、この実子主義という文化的かつ歴史的な規範に注目することが、「育児の社会化」について考察するにあたって、どのような意義をもっているのかという点に議論を進める。

2 「育児の社会化」を再構想する——実子主義×家族主義の四象限

現在の社会学や社会政策研究では、子どもや高齢者などのケアを家族だけに背負わせることの問題がしばしば指摘される。そこでは、家族成員の福祉に関わる責任を家族に帰属する家族主義がしばしば批判の対象になる。[13] 特に子育てについては、その責任を家族に帰属する家族主義の根強さが、日本社会での「育児の社会化」を阻んでいることが批判的に指摘されてきた。[14]

そして、このように「育児の社会化」というときの「社会化」という用語は、ほとんど「脱家族化」と互換可能なものとして用いられてきたように思われる。[15] むろん、実際に日本の育児政策が家族に多くの責任を背負わせ続けていることを考えれば、これは当然のことではあるだろう。ただしその一方で、「育児の社会化」と家族主義を対置したり、「社会化」と「脱家族化」を等置したりすることによって、子どもへのケアの提供は、家族によっておこなわれる子育てと保育所などによるケア・サービスとの二元論で捉えられることになる。

しかし、子どもへのケアの多元的な可能性を探ろうとするならば、家族主義的かそうでないかという区別だけでは不十分である。そこでここでは、子どものケアに関わる社会政策や制度、あるいは個人の実践を捉えるにあたって、家族主義の位相に加えて、実子主義という位相を導入する。これは近代家族では自明の前提だったために家族主義と同一視されてきた実子主義という位相に焦点化することによって、それを家族主義から論理的に切断するということでもある。子どもへのケアやそれに関わる制度ないし政策は、「生物学的親」であることが「社会学的親」であることよりも特別で優先的なものとされたり、または両者の一致が目指されたりしているか否かで、実子主義的かそうでないかが区別できる。

ところで前述のように現在は、ケアに関わる責任を家族に帰する家族主義が批判の対象になっているが、戦後の家族論ではこれとは違う家族主義が問題とされていた。天皇と臣民の関係や資本家と労働者の関係のように、「家族でないもの」を「家族」になぞらえるという意味での家族主義が批判の対象だったのである。[16] このような家族の擬制は、軍国主義的な国家体制を支え、階級対立を覆い隠す効果をもち、日本社会の封建的性質を表すものとして克服されるべきと捉えられていたが、近年では、こうした批判はほとんど聞かれなくなった。その一方で、家族成員以外が子どもや高齢者に福祉的ケアを提供する場合、その関係は家族になぞらえられることが多い。[17] つまり、福祉的ケアがなされる場合には、戦後家族論が批判したのとは異なる家族の擬制、すなわち「家族主義」が存在する。また、後述するように、実親以外による子どものケアも実の親子関係になぞらえられることが多い。そこで以下では、実子主義と家族主義の区別によって、子どもへのケア提供がなされ

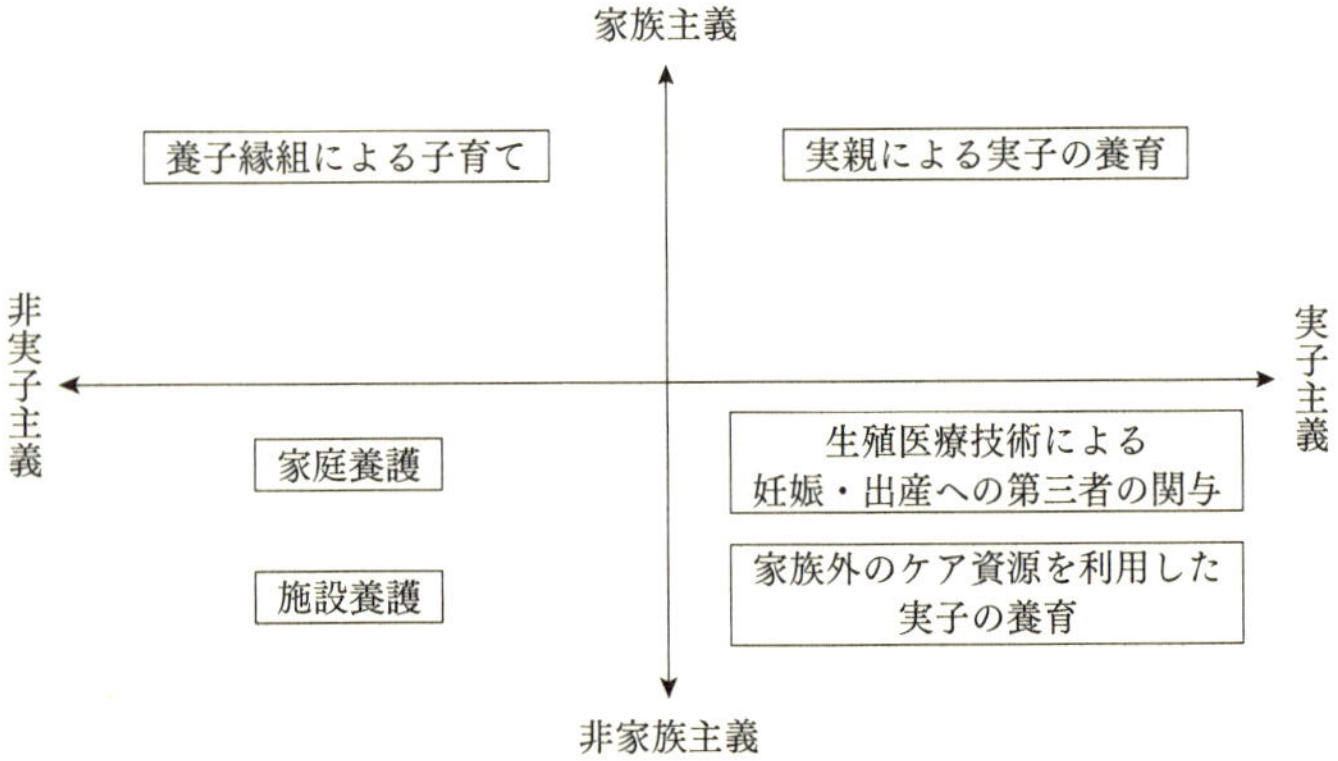

図1　実子主義×家族主義の4象限

る多元的な状況の把握を試みるうえで、非家族主義的な状況での家族の擬制と非実子主義的な状況での実親子関係の擬制といういわば第二の家族主義と実子主義にも注意を向ける。

実子主義と家族主義を区別することによって、子どもにケアを提供するさまざまな実践とそれを支える諸制度は、図1に示すような四象限図のもとに位置づけられることになる。

この図で、第一象限は、実子主義的かつ家族主義的だということを意味している。典型的には、子どもがもっぱら家族によってケアを提供され、その子どもは実子だという場合がこれにあてはまる。この場合には、「生物学的親」と「社会学的親」が一致していることはしばしば自明の前提とされたうえで、母親などの家族がその子どもにケアを提供している。現在、われわれが普通に「子育て」という言葉を使うときに想定しているのは、たいていこのような営みだろう。そして、「育児の社会化」という言葉は、往々にして「育児の脱家族化」という意味で用いられてきたように、このような子育てのありようの第四象限への移行、あるいはそれを可能にする社会の仕組みの変化を指すものと捉えられてきた(18)。それはすなわち、「育児の社会化」の含意するところが、子育てとは実子を育てる営みであることを前提にしているという点で、実子主義の枠内に限定された変化だったということである(19)。しかし、子どもへのケア提供のあり方には、第一象限以外にもさまざまな可能性があり、さらには、第一象限のオルタナティブになりうるのは第四象限だけではない。以下では、これらの三つのオプションがどのようなものであるかを簡略に記述しておく。

まず、図1の第二象限は、実子主義的ではないが家族主義的であることを意味している。具体的には、養子縁組によって成立した親子関係での子育てなどがここに位置する。養親による養子のケアは、その対象が実子ではないという意味で非実子主義的である。しかし、その実子ではない子どもとの間に親子関係を形成するという意味で、同時にそれは家族主義的でもある。言い換えれば、養子縁組とは、血縁関係がないところに法的な家族関係を構築するための制度である。

次に、第三象限は実子主義的でも家族主義的でもないことを意味しているが、ここに主に位置するのは、社会的養護制度の下で提供される子どもへのケアである。社会的養護は、児童養護施設などでおこなわれる施設養護と、里親などによって家庭で提供される家庭養護に分けられる。いうまでもなく、いずれの場合も、そこでケアを提供される子どもは、ケアを提供する者の実子でも家族でもないという意味で非実子主義的かつ非家族主義的な制度であり実践である。ただし、家庭養護については、あくまで社会的養護のための制度であり、そこで家族関係が法的に形成されるわけではないものの、里親や里子、あるいはファミリーホームという名称が示しているように、子どもの養育が「家庭的環境」でおこなわれることを重視するために、そこにはしばしば、家族の擬制が生じる。この意味で、家庭養護の制度や実践は家族主義的な指向を含んでいて、施設養護よりも第二象限に近いところに位置づけられる。

最後に、第四象限が意味するのは、実子主義的ではあるが家族主義的ではないということである。家族によって実子にケアが提供されるだけではなく、保育所による福祉的なケア・サービスなどを利用することによって、子どもへのケアが家族以外の担い手にも委ねられているような状況がこれに該当する。ただし、ケア・サービスが利用されていても、それが家族によるケアに比べてごく周辺的な位置づけにとどまっているのであれば、非家族主義的だとはいえないだろう。ひるがえっていえば、保育所などの外部によるケアが占める役割が家族によるケアよりも大きければ大きいほど、より非家族主義的だと位置づけられる[20]。前述のように、これまで「育児の社会化」という概念によって示唆されてきたのは、主としてこのような方向への変化、あるいはそれを可能にするような社会の仕組みの変化だった。また、不妊の問題を抱える夫婦が子どもをもとうとする場合に、第三者の配偶子の利用や代理出産などの生殖医療技術を通じて、家族以外の者が妊娠あるいは出産に関わるのであれば、それもひとまずはここに位置づけられるだろう[21]。

子どもへのケアのあり方にこのような三通りの代替的なオプションがあることを踏まえれば、「育児の社会化」という概念をより拡張したかたちで構想することができる。まず、「社会化」された子育ては、家族が保育サービスなどを活用しながら実子の子育てをおこなう場合だけでなく、第二象限や第三象限の非実子主義的なオプションを含むものとして捉え直される。また、実親に育てられていた子どもが児童養護施設に入所したあと養子縁組を結ぶ場合のように、一人の子どもが誕生してから成長するまで、ずっと同じ象限に位置づけられると考える必要はない。さらには、同じ時期でも、例えば里親から養育を受けている子どもが、別居している実親からもケアを提供されている場合など、[22]ある子どもが各象限に位置づけられる多様な担い手から同時にケアを受けることもありうる。要するに、「育児の社会化」とは、子どもがこれらの各象限を必要に応じて縦断的かつ横断的に移動する多元的な可能性を開いていくということにほかならないのである。

3　三つのオプションのなかの実子主義と家族主義

このような整理によって見えてくるのは、子どもへのケアについて、実子主義的かつ家族主義的な子育てだけでなく、第二象限、第三象限、第四象限に位置するオプションが縦断的かつ横断的に利用可能であることの重要性である。

しかし、三つのオプションを対象にした研究は、それらのオプションが子どものケアについて多元的な可能性を切り開くと同時に、より第一象限に近づこうという指向をもっていたり、第一象限の擬制を伴っていたり、そもそも、実子主義的かつ家族主義的な子育ての優先性が制度上の前提となっていたりすることも明らかにしてきた。

例えば、第二象限には養子縁組による子育てが位置づけられるが、養子縁組を仲介するあるNP

O（非営利組織）は、養子縁組の希望者を対象に、「育て親研修」を実施している。その研修で参加者に求められるのは、「血縁あってこその親子」という前提を、「血縁がなくても親子になれる」という前提に書き換えることである。[23] ここで養親になることを希望する者に求められているのは、ある子どもが自分と血縁がある「実子」であることを特別なものとして捉えることをやめることである。

しかし、この研修では、養子として迎える子どもが、「あらかじめ自分の子として、宿命づけられている」という前提を作り出すことも求められるという。このため、このNPOでは、研修後に子どもを紹介されたら必ずその子を養子に迎えることが決められていて、拒否した場合にはグループから絶縁されてしまう。さらには、「実親」「養親」ではなく、「産みの親」「育ての親」という言葉を使用することも要請される。「実親」という名称は「養親」が「実の親ではない」ことを含意してしまうが、「産みの親」も「育ての親」もともに「実の親」だと考えられているからである。[24] つまり、このNPOでは、「血縁がなくても親子になれる」というかたちで実子主義の乗り越えが試みられると同時に、血縁がない養親子関係の重要性を示すうえでは、実親子関係の擬制がおこなわれている。

また、養子縁組による親子関係を経験してきた人々へのインタビュー調査に基づく研究が明らかにしてきたのは、「非血縁の親子関係を築く経験の積み重ねが、血縁の有無に関わりなく、養子縁組を選択した親と迎え容れた子どもとを確実に親子にしていく」[25] 一方で、養子縁組を選択した親が、「物心つかないころから育てれば養子も実子も同じである」というように、「遺伝子」へのこだわりという意味では「血縁」を相対化していても、「血縁」がある親子と同質の「血縁なき血縁関係」を求めていることや、子どもと血縁がないことをオープンにできないという葛藤を抱えていることである。[27]また、養子を実親と法的に断絶し、戸籍上、実子と同様に扱う特別養子制度の立法過程には、養親を血縁がある実親だと子どもに思い込ませることが、良好な親子関係のためになるというロジックが存在していたことも指摘されている。[28]これらの研究が示すのは、養親子関係という非実子主義的な関係が、しばしば実子主義を通じて経験されていること、そして、それを支える制度がそもそも実子主義をベースにしていることである。

第三象限には社会的養護が位置づけられるが、里親へのインタビュー調査に基づく和泉広恵の研究[29]が示していることの一つは、里親たちにとって、里子の「親」であることは、それにこだわるにせよ距離をとろうとするにせよ、強力なモデルとなっていて、里子を育てるという経験が、家族の擬制から自由ではないということだろう。[30]また、土屋敦は、社会的養護をめぐる言説の主な関心の対象が、敗戦後には浮浪児などの「家庭のない児童」だったが、高度経済成長期を経て、家庭の内側で発見される児童虐待のような「家族病理」へと移り変わる歴史的プロセスを描いている。[31]実親に育てられることが必ずしも子どもの幸福を保証するものではないということのような問題構制の転換は、「最悪の家庭」を「最良の施設」よりも優位におくホスピタリズムを相対化するものである。ただし、その一方で、高度成長期から現在に至るまで、養護施設がより「家庭的」な場所になることを求められたり、施設よりも「家庭的」であることを理由に里親委託が推奨されたりと、[32]施設養護であれ家庭養護であれ、実親以外による子どもへのケアは家族になぞらえられ続けている。つまり、社会的養護はあくまで実親によるケアが不可能な子どもを対象とした代替的手段であるという意味で、非実子主義的で非家族主義的なケア提供は第一象限より劣位に位置づけられているというだけではなく、非実子主義的で非家族主義的なケア提供を家族に近づけようとする持続的な指向も見て取ることができる。

第四象限には、実子を育てる家族が保育所によるケア・サービスなどを利用する場合が位置づけられるが、子育て支援事業を対象にしたいくつかの研究が明らかにしてきたのは、子どもへのケア・サービスが提供される状況では、子育てを福祉的な支援の対象にする論理と子育ての責任を家族に帰属する論理とが交錯するということである。[33] 井上清美は、ファミリー・サポート・センター事業の調査に基づいて、子どもを預かる側と預ける側の双方に葛藤が生じる様子を描いている。母親が自分の時間をもつために子どもを預ける「リフレッシュ利用」の際、預かる側は母親のリフレッシュのために子どもを預かることに疑問を抱き、預ける側の母親もそのような批判的なまなざしを意識して、後ろめたさを感じたり、預ける理由を偽ったりしながらサービスを利用する。[34] このように、非家族主義的なケア提供が、家族主義を通じて経験されることによって、葛藤が生じることになる。また、そもそも一九九〇年代以降の日本の福祉政策で台頭してきた「家族の子育てを支援する」という論理は、子育てが第一義的には家族のものであることを前提としている。[35] 言い換えれば、日本社会の子育て支援政策は、家族主義的な子育てのあり方を問題化すると同時に、それを前提にして成立してもいるのである。

また、夫婦が実子をもとうとするプロセスに、第三者の配偶子の利用や代理出産などの生殖医療技術を通じて、家族以外の者が関与する場合も、第四象限に位置づけることができる。例えば、南貴子は、精子提供による人工授精で生まれた子どもの出自を知る権利を保障しようとするオーストラリアのビクトリア州がおこなっている取り組みについて論じている。[36]ビクトリア州の取り組みが目指すのは、子どもとドナーが互いにアクセスすることができる制度を整備することによって、人工授精で生まれたことは「家族の秘密」であるために、忘れられるべきものとして「非人間化」されていたドナーの存在を「人間化」することである。そして、その「人間化」の結果として、ドナーと精子提供を受けた家族の間に「新しい関係性」が形成される可能性が示唆される。[37]

他方で、出自を知る権利が認められたあとの二〇〇〇年代でも、出自を知らされている子どもは四割弱にとどまっているように、[38]特に子どもと血縁がない父親にとって、子どもが自分の出自を知ることを認めるというのは必ずしも容易なことではない。[39]また、日比野由利の報告[40]によれば、ビジネスとして代理出産プログラムを提供するインドのクリニックでは、代理母が子どもに愛着を感じるようになることは大きなリスクとして捉えられていて、子どもはあくまで依頼者のもので、代理母には何の権利もないということが繰り返し説明される。代理母が子どもや依頼者との交流を深めたいと望んでも、依頼者は代理母から子どもを得ることだけが目的なので、子どもの写真や少額の金銭が送られてきたあとに連絡が途絶えることも多いという。[41]これらはいずれも海外の事例だが、日本では、非配偶者間人工授精で生まれたという事実を子どもに開示しない親が大半であることが明らかになっていて、[42]生殖補助医療によって子どもの生まれ方は多様化しても、そのことが表面化しないままに画一的な親子関係が形成されているとの指摘がある。[43]妊娠・出産のプロセスに家族以

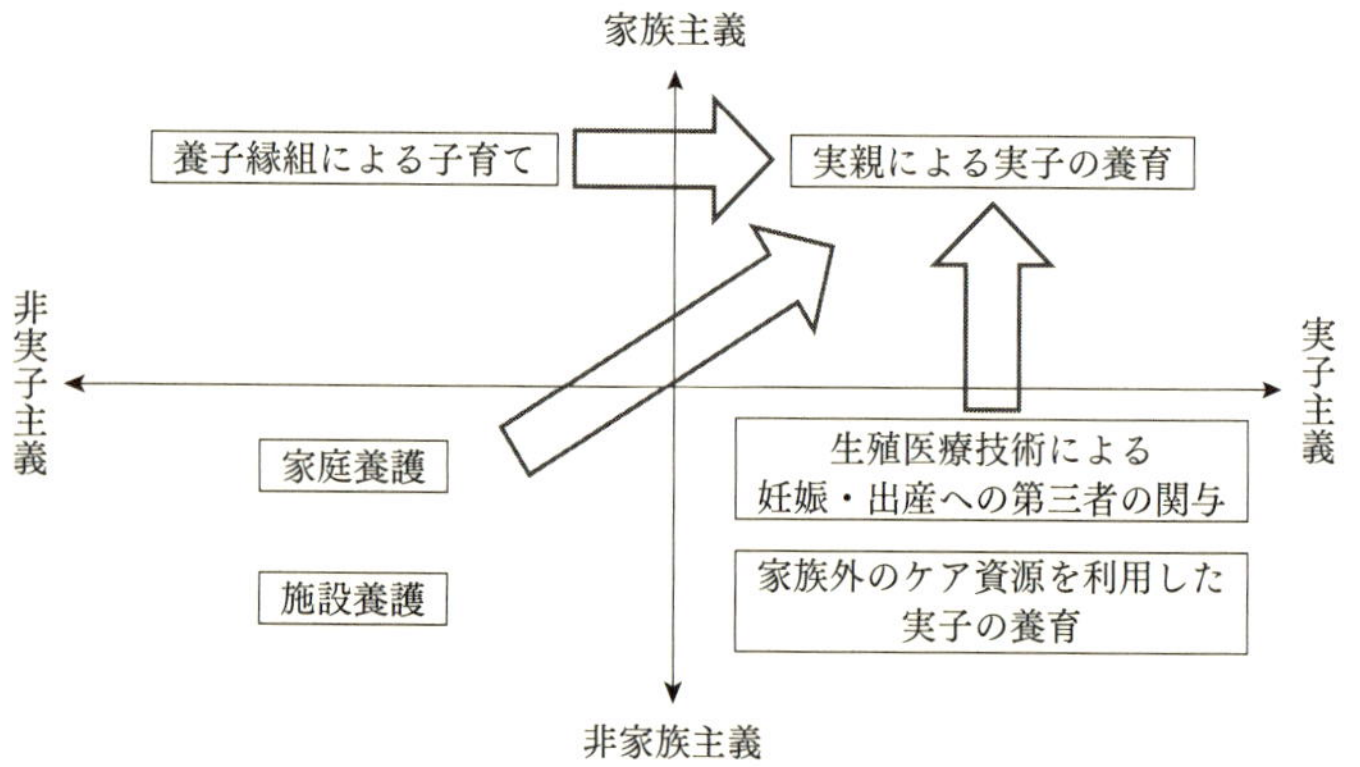

図2　第1象限の引力

外の者が関与していたとしても、その後の子育ては、一組の夫婦と子どもによって形成される家族の内部に収束させようとする指向は強いといえるだろう[44]。

以上のように概観してきたとおり、非実子主義的あるいは非家族主義的なオプションは実子主義的かつ家族主義的な子育てがもつ引力にさらされている（図2）。この引力は、実子主義的かつ家族主義的な子どもへのケアを最善のものとする序列によって成り立っていて、第一象限以外の形態のケアは、経験の面でも制度の面でも、第一象限より下位にあるものとされる。この序列によって、社会的養護は家族に近づくべきものとされ、養親子関係は実親子関係に擬制され、子どもへの福祉的ケアの利用は葛藤を伴うものになり、子どもの妊娠・出産に関与した第三者の存在は忘れられるべきことになる。

とすれば、日本社会は家族主義が根強いと指摘されてきたが、これは実子主義にもあてはまるように思われる。アンソニー・ギデンズがいうところの「親密性の変容[45]」や家族の個人化に注目する論者は、現代家族では、血縁が家族の境界設定の基準としての重要性を低下させると論じているが[46]、これらの議論が主張するように家族の血縁性が弱まるのであれば、その結果として、実子主義も弱まることになるだろう。しかし、生殖医療技術の利用に顕著にみられるように、家族で愛情や親密性に重きがおかれること、また個人がとりうる選択肢の自由化は、むしろ実子主義の強化につながる可能性もある[47]。したがって、親密性の変容や家族の個人化によって実子主義が弱まるという見立てにはかなりの留保が必要だろう。そして、これは日本の親子関係は再び「ハイブリッド化」していくなどという単純な推測は、おそらくは成り立たないということでもある。

4　何が「育児の社会化」を阻むのか

現在の社会学や社会政策研究で、「育児の社会化」の必要性を主張するうえで家族主義が批判の対象になってきたのはすでに述べてきたとおりである。しかし、これまでの議論を踏まえれば、このような家族主義批判は、「育児の社会化」の方向性を検討するにあたって、いくつかの点で修正や明確化を必要としていると考えられる。

第一に、「育児の社会化」という観点から批判されるべきは、実子主義と家族主義の組み合わせ、すなわち、実子主義的かつ家族主義的な子育てを最上位におく序列だということである。言い換えれば、養子縁組による子どもの養育が、家族に子どものケア責任が負わされているという意味で家族主義的だからといって、そのこと自体は批判されるべきものではないだろう。家族主義が問題になるのは、実子主義と組み合わさって、ほかの三つのオプションを相対的に下位におく序列を形成するからである。

この点に関連して、第二に、二つの家族主義を区別することが重要である。施設養護との対比でより「家庭的」な里親養育が推奨されたり、さらには施設養護がより「家庭的」な場所になることを求められたりと、非家族主義的なオプションによるケア提供が家族の擬制を伴うという意味での家族主義を含んでいることは、前述のような序列を前提にしていると同時に、それを持続させる効果をもちうる。このことは、養親子関係で生じる実親子関係の擬制にも同様にあてはまるだろう。藤間公太は、子育ての脱家族化論の今後の課題は、「「家庭」―「非家庭」の二項対立的区分の相対化と新たな語彙の獲得」にあり、「「家庭」を前提としない脱家族化、単純な「家庭」の模倣ではないケアのあり方」を模索する必要があると指摘している。(48) これに対して、里親や養護施設の職員が子どもに「家庭的」な環境を提供しようとすること、養親が養子を「実子のように」育てようとすることは、それ自体が批判の対象になるべきではないにせよ、その環境や行為を「家庭的」あるいは「実子のように」と表現することには、それらのオプションを「模倣」におとしめる含意がある。家族や実親子関係の擬制に対する批判が現代的な重要性をもつのは、この「模倣」やそれがもたらす効果への批判が必要だからである。

第三に、実子主義と家族主義への批判は、各象限間の縦断的な移動の阻害と横断的な移動の阻害の両者に向けられる必要がある。これまでの家族主義批判で主に問題化されてきたのは、第一象限から第四象限への移行が進まないことだったため、そこで焦点になるのは保育所などの家庭外の子どもへのケアがおこなわれているかいないか、あるいは、どれくらいおこなわれているかである(49)。このとき、保育サービスなどの利用が可能になって、第一象限から第四象限への縦断的移動が生じることは、家族と保育士が横断的に子どもへのケアを担当することを意味するため、子どもが各象限間を縦断的に移動することと横断的に移動することとは区別される必要がない。しかし、養親子関係や社会的養護などの非実子主義的オプションは、実親による子育てとは排他的なものとして捉えられてきた。その一方で、近年では、養親子関係や社会的養護の下にある子どもを「生みの親」と再接続しようとする関心が高まっていて、親を一組しか認めないという「排他性の相対化」の動きも見て取ることができる(50)。本書の主題である「ハイブリッドな親子関係」という言葉は、その関係を常に「親子」と呼ぶことは前述のとおり問題を含むものではあるが、子どもが複数のケア提供者と横断的に形成する関係を表現するものであり、その意味で、「育児の社会化」の重要な一側面を提示するものでもある。最後に、この点を少し敷衍してから、本章を閉じることにする。

おわりに――「ハイブリッドな親子関係」の一つのイメージ

冒頭で言及した『そして父になる』に戻ろう。この映画は、良多が斎木家で暮らす慶多を訪ねて、慶多の「父親であること」をやり直すためのスタート地点に立ったところで終わる。そこでは良多が実子主義から離れて、慶多との関係性の歴史を選ぼうと決意したことが描かれているように思う。このように実子主義から離れることは、子どもへのケアを多元的な可能性に開くための重要な契機ではある。

しかし、それと同時に、子どもを交換するのかしないのか、つまり、「実の子ども」である琉晴とこれまで育ててきた慶多のどちらを選ぶのかという問いを立てることで忘れられてしまうもう一つの契機がある。

映画の中盤、子どもを交換する準備段階として両家が交流している最中に、斎木ゆかりが良多に「このままってわけにはいかないんですかね。全部なかったことにして」と問いかける場面がある。この問いかけに対して、良多は、「これからどんどん慶多は斎木さんの家族に似てきます。逆に琉晴はどんどん僕らに似てきます。それでも血のつながってない子どもをいままでどおり愛せますか」と反問する。これは彼がゆかりの問いかけを「ほんとうに子どもを交換しないといけないのか」という問いかけとしてだけ聞いたことを示している。しかし、ゆかりの問いかけが、両家の子どもたちが一緒に楽しく遊んでいる様子を眺めながらなされていることに注目するならば、これは「このまま両家の交流を続けていくことはできないのか」という問いかけでもあると考えられる。つまり、ここで良多は彼女の問いかけを理解しそこねているように思われる。

そして、この適切に理解されることがなかった問いかけの下では、子どもを交換するのかしないのか、実子であることと関係性の歴史のどちらを選ぶのかという問題は、派生的な問題でしかない。この問いかけが示唆しているもっと重要なことは、「生みの親」と「実の子ども」がともに暮らしてはいなくても、両家の間で頻繁な交流が続けられれば、両家の「親」が両家の「子ども」をともに育てるという親の排他性を相対化するような子育ての可能性があるということなのである。「ハイブリッドな親子関係」という言葉は、このような可能性を表現するものにほかならない。そして、日本社会で「育児の社会化」を進めていくうえで必要なのは、それを示唆する問いかけを理解することさえ容易ではないこのような可能性を実現するための構想ではないだろうか。

注

(1) マリノウスキー『未開人の性生活』泉靖一/蒲生正男/島澄訳、新泉社、一九七一年

(2) 社会学的父親を定める必要性については、子どもの保護、父系的な財産の継承、子どもの社会的位置づけの明確化などの観点から説明されている。善積京子「制度としての結婚」、野々山久也編『論点ハンドブック家族社会学』所収、世界思想社、二〇〇九年

(3) もちろん、子どもの出生への生物学的な関わりがより明白な母親でも、養子縁組などによって、「生物学的母親」と「社会学的母親」の不一致が生じうる。

(4) 米村千代『「家」を読む』弘文堂、二〇一四年、二三ページ

(5) 同書二七ページ。なお、より近年の歴史人口学の成果は、例えば、幕末維新期の多摩農村で、成人男性の一八%、戸主の二〇%に養子に入った経験があったことを明らかにしている。黒須里美/落合恵美子「人口学的制約と養子——幕末維新期多摩農村における継承戦略」、速水融編著『近代移行期の家族と歴史』(Minerva 人文・社会科学叢書)所収、ミネルヴァ書房、二〇〇二年

(6)田間泰子『母性愛という制度——子殺しと中絶のポリティクス』勁草書房、二〇〇一年、二一八ページ

(7)同書二一八ページ

(8)柳田国男「親方子方」『柳田国男全集』第十二巻(ちくま文庫)、筑摩書房、一九九〇年、四九九ページ

(9)同書五〇二ページ

(10)落合恵美子『近代家族とフェミニズム』勁草書房、一九八九年、一八ページ

(11)ミヒャエル・ミッテラウアーによれば、中世から近世までのドイツでは、「父」や「母」の概念は、「血統のつながりではなく、支配・従属関係を表現するもの」であり、「父」と彼が権力を及ぼす「妻・子・奴隷・その他の家メンバー」の総体が「ファミリア」を形成していた。しかし、近代社会になると、狭義の家族概念が広まって、非親族はそこから切り離されるという。M・ミッテラウアー「歴史的社会形態としての家族」若尾祐司訳、M・ミッテラウアー/R・ジーダー『ヨーロッパ家族社会史——家父長制からパートナー関係へ』所収、若尾祐司/若尾典子訳、名古屋大学出版会、一九九三年、八ページ

(12)前掲『母性愛という制度』二二六ページ

(13)阪井裕一郎/藤間公太/本多真隆「戦後日本における〈家族主義〉批判の系譜——家族国家・マイホーム主義・近代家族」「哲学」第百二十八号、三田哲学会、二〇一二年

(14)舩橋恵子『育児のジェンダー・ポリティクス』(「双書ジェンダー分析」第十一巻)、勁草書房、二〇〇六年

(15)市野川容孝『社会学』(〔ヒューマニティーズ〕)、岩波書店、二〇一二年)を参照。また、筆者自身

のこれまでの議論もその例外ではない。松木洋人『子育て支援の社会学――社会化のジレンマと家族の変容』新泉社、二〇一三年

(16) 前掲「戦後日本における〈家族主義〉批判の系譜」。なお、柳田は、オヤコ概念の使用を家族の擬制として捉えるこのような議論に対して、「オヤがもと決して父母に限った語でなかったこと」は明らかだから、例えば「旧式の雇傭関係」がオヤコ関係として理解されていることをもって、今日、それを「家族主義などと呼ぼうとする」ことは、「はなはだしく不精確」だと批判していた。柳田国男「家閑談」、前掲『柳田国男全集』第十二巻、三三五ページ

(17) Margaret K. Nelson, "Fictive Kin, Families We Choose, and Voluntary Kin: What Does the Discourse Tell Us?," *Journal of Family Theory & Review*, 5(4), 2013.

(18) 下夷美幸「ケア政策における家族の位置」「家族社会学研究」第二十七巻第一号、日本家族社会学会、二〇一五年

(19) この点に関連して、子育ての脱家族化をめぐる議論の蓄積が、家族による子育ての「支援」の位相に偏っていて、里親や社会的養護施設のような家族による子育ての「代替」についての議論が手薄であることが指摘されている。これは本章の文脈に置き直せば、「育児の社会化」とは実子を育てる営みの「支援」であることが前提になっているため、非実子を「代替」的に育てるという営みが抜け落ちてきたことの指摘である。藤間公太「子育ての脱家族化論の問題構制――「支援」と「代替」をめぐって」「人間と社会の探求――慶應義塾大学大学院社会学研究科紀要」第七十七号、慶應義塾大学大学院社会学研究科、二〇一四年

(20) 保育所を利用する子どもは保育士の実子ではないので、保育所などでのケアは、社会的養護と同様に、第三象限に位置づけられると考えることもできる。しかし、社会的養護とは異なり、保育所での

ケアは家族が子どもを育てていることがあくまでも前提なので、ここでは、実子を育てる家族が保育所などのケア・サービスを利用する場合を第四象限に位置づけている。

(21) 子どもが夫か妻のいずれかにとっての実子である場合は、夫婦双方にとっての実子である場合に比べて、第三象限寄りの位置づけを与えられるだろうが、いずれにせよ、養子縁組や子どもをもたないという選択と比べれば、その実子主義的な指向は明らかだろう。

(22) 安藤藍「里親にとっての実親——子どもと実親の交流有無に注目して」「家族関係学」第三十号、日本家政学会家族関係学部会、二〇一一年

(23) 樂木章子「家族——血縁なき「血縁関係」」、杉万俊夫編著『コミュニティのグループ・ダイナミックス』(「学術選書」第五巻、「心の宇宙」第二巻)所収、京都大学学術出版会、二〇〇六年、二六二ページ

(24) 同論文二五一ページ

(25) 安田裕子『不妊治療者の人生選択——ライフストーリーを捉えるナラティヴ・アプローチ』新曜社、二〇一二年、一九三ページ

(26) 野辺陽子「なぜ養子縁組は不妊当事者に選択されないのか?——「血縁」と「子育て」に関する意味づけを中心に」「季刊家計経済研究」第九十三号、家計経済研究所、二〇一二年

(27) 前掲『不妊治療者の人生選択』

(28) 野辺陽子「養子縁組の社会学——血縁をめぐる人々の行為と意識」東京大学大学院博士論文、二〇一四年

(29) 和泉広恵『里親とは何か——家族する時代の社会学』勁草書房、二〇〇六年

(30) 野辺陽子「家族社会学における里親研究の射程と課題」「家族研究年報」第三十七号、家族問題研

究学会、二〇一二年

(31) 土屋敦『はじき出された子どもたち——社会的養護児童と「家庭」概念の歴史社会学』勁草書房、二〇一四年

(32) 同書

(33) 井上清美『現代日本の母親規範と自己アイデンティティ』風間書房、二〇一三年、前掲『子育て支援の社会学』

(34) 前掲『現代日本の母親規範と自己アイデンティティ』

(35) 藤崎宏子「現代家族と「家族支援」の論理」「ソーシャルワーク研究」第二十六巻第三号、相川書房、二〇〇〇年

(36) 南貴子「配偶子ドナーと家族の統合をめぐる近未来の制度設計」、日比野由利編著『グローバル化時代における生殖技術と家族形成』所収、日本評論社、二〇一三年

(37) 同論文一九七ページ

(38) 同論文一八二ページ

(39) 南貴子「人工授精におけるドナーの匿名性廃止の法制度化の取り組みと課題——オーストラリア・ヴィクトリア州の事例分析を中心に」「家族社会学研究」第二十一巻第二号、日本家族社会学会、二〇〇九年

(40) 日比野由利「インドにおける生殖補助医療と法・倫理——商業的代理出産を中心に」、日比野由利編著『アジアの生殖補助医療と法・倫理』所収、法律文化社、二〇一四年

(41) 日比野由利『ルポ 生殖ビジネス——世界で「出産」はどう商品化されているか』(朝日選書)、朝日新聞出版、二〇一五年

(42) 長沖暁子「当事者とは誰なのか」、非配偶者間人工授精で生まれた人の自助グループ／長沖暁子編著『AIDで生まれるということ——精子提供で生まれた子どもたちの声』所収、萬書房、二〇一四年

(43) 渡辺秀樹「家族の内の多様性と家族の外の多様性」「家族研究年報」第四十号、家族問題研究学会、二〇一五年

(44) ただし、ウルリッヒ・ベックとエリーザベト・ベック＝ゲルンスハイムが指摘するように、配偶子の提供者や代理母の存在は、「父親」「母親」「家族」という概念やそれに伴う権利・義務の観念についての再考を促す可能性をもつものでもある。ウルリッヒ・ベック／エリーザベト・ベック＝ゲルンスハイム『愛は遠く離れて——グローバル時代の「家族」のかたち』伊藤美登里訳、岩波書店、二〇一四年

(45) アンソニー・ギデンズ『親密性の変容——近代社会におけるセクシュアリティ、愛情、エロティシズム』松尾精文／松川昭子訳、而立書房、一九九五年

(46) 赤川学「家族である、ということ——家族らしさの構築主義的分析」、太田省一編著『分析・現代社会——制度／身体／物語』所収、八千代出版、一九九七年、山田昌弘「家族の個人化」、「特集「個人化」と社会の変容」「社会学評論」第五十四巻第四号、日本社会学会、二〇〇四年

(47) 柘植あづみ「生殖補助医療に関する議論から見る「日本」」、上杉富之編『現代生殖医療——社会科学からのアプローチ』(Sekaishiso seminar) 所収、世界思想社、二〇〇五年

(48) 藤間公太「子育ての脱家族化をめぐる「家庭」ロジックの検討——社会的養護に関する議論を手がかりに」「家族研究年報」第三十八号、家族問題研究学会、二〇一三年、一〇二ページ

(49) 前掲「ケア政策における家族の位置」

(50) 野辺陽子「非血縁親子における「親の複数性・多元性」の課題——養子縁組における生みの親を事例に」「比較家族史研究」第二十九号、比較家族史学会、二〇一五年

第1章　代理出産における親子・血縁

日比野由利

はじめに——生殖技術から派生した新たな血縁関係

古今東西、さまざまな時代や社会で、子どもを産み親になることは望ましいことだとされ、不妊は忌避されてきた。しかし、たとえ望んだとしても、男女のどちらか一方に不妊となる原因があれば、そのカップルは子どもをもつことができない。どんな社会にも子どもができないカップルは一定の割合で存在してきたが、これまで一夫多妻や、性交によって精子を提供する、他人の子どもを育てるなどの方法によって、親になる道が確保されてきた。

科学技術による解決方法が実を結んだのは、公式には十八世紀以降である(1)。人工生殖のなかで最も原始的な方法である人工授精は、医師が器具を用いて夫の精子を妻の子宮に注入するというものである。夫の精子に問題がある場合、別の男性の精子を妻に注入する方法も採られるようになった。医師の手を介在させることによって、夫以外の男性との性行為を経ることなく、匿名の精子提供が可能になった。この方法は、不妊の男性でも父親になれる方法として、長年、秘密裏におこなわれてきたが、その事実を成人後（偶然に・故意に）知らされた子どもが心理的なダメージを受けるケースがあることが、後年、当事者の証言によって明らかになっている。[2]

人工授精は性行為抜きの生殖を可能にした。その後、一九七八年にイギリスで初めて成功を収めた体外受精は、女性の血縁にとって、人類史上大きな転換点になった。体外受精は、宗教界などから大きな反発があったものの、不妊カップルを救う方法として受け入れられ、浸透していった。体外受精は、もともとはカップルに自分と遺伝的つながりがある子どもを与える方法として考案されたものだが、その後、派生的にさまざまな技術利用を生むきっかけをつくった。

体外受精は、女性の卵子を体外で操作することによって、卵子を元の持ち主の女性の子宮に戻すのではなく、別の女性の子宮に移植することを物理的に可能にした。言い換えれば、女性にとって、他人の卵子を用いて自ら妊娠・出産することや、自らの卵子（または第三者の卵子）を用いて他人に妊娠・出産してもらうことが可能になった。前者は卵子提供、後者は代理出産と呼ばれる。こうした行為によって、さまざまな親子関係が生まれることになり、それまで自明だった母子関係は大きく変容を遂げることになった。

「生みの親」と「育ての親」の分離は、養子という慣行にもみられた。だが、卵子を提供する女性と、妊娠・出産する女性の分離は、体外受精によってはじめて成立する。すなわち、育ての親(social mother)に加えて、遺伝的親(genetic mother)と生物学的親(biological mother)が新たに登場したことになる。

体外受精は次のような母子関係を生み出す。

親になる意思をもつ女性が、第三者の女性から卵子をもらい受けて子どもを産む場合は、子どもと遺伝的には他人だが、自ら妊娠・出産したのだから、生物学的なつながりは存在する［育ての親＝生みの親≠遺伝上の親］。

親になる意思をもつ女性が、第三者の女性に妊娠・出産を依頼する。その際、自らの卵子を提供した場合は、自ら妊娠・出産していなくとも、子どもとの遺伝的なつながりは存在する［育ての親＝遺伝上の親≠生みの親］。

親になる意思をもつ女性が、第三者の女性に妊娠・出産を依頼する。その際、第三者の卵子を用いた場合は、子どもとは遺伝的なつながりも生物学的なつながりも存在しない［育ての親≠遺伝上の親≠生みの親］。

親になる意思をもつ女性が代理出産を依頼する際、代理母の卵子を用いる場合がある。この場合、［育ての親≠遺伝上の親＝生みの親］になる。代理母の卵子を用いる場合は、妊娠を成立させる方法として、性行為・人工授精・体外受精のいずれかが用いられる。

以上のように、生殖技術が介在することによってさまざまな母子関係が成立し、さらに精子の提供を受けるか受けないかによって、父子関係も含めるとさらなる類型化が可能である。

本章では、生殖技術が開いた新たな母子関係として代理出産に注目し、それが母子関係にとってもつ意味や、依頼する側と依頼される側にとってどのような意味をもつかについて考えたい。なお、配偶子提供や代理出産は、カップル以外の当事者が生殖に関わるという意味で、「第三者が関わる生殖技術」と呼ばれている。

1 代理出産の歴史——体外受精を用いた代理出産の登場と母子関係の変化

代理出産とは何か。「出産後、子どもを引き渡す目的で、女性が妊娠・出産すること」と定義される。こうした行為は、体外受精よりもはるか昔から存在していた。古くは、『旧約聖書』にも「代理出産」についての記述がある。『旧約聖書』「創世記」第十六章には、アブラハムの妻サライは、自身が不妊症だったので、奴隷ハガルに自分の身代わりとして子どもを産ませ、夫アブラハムに提供しようとした、というくだりがある。また、韓国ではシバジと呼ばれる慣習があった。シバジとは、上流階級のための代理母制度で、依頼男性と性行為をおこない、子どもを産むことを生業とする。代理母になる女性は、男児が生まれたら子どもを置いて去る。女児が生まれたら自分の村に連れて帰り、成長後女児はシバジになる(3)。こうした例以外にも男系の血統を維持するために、上流階級では妾制度や側室制度などの一夫多妻制がとられた。上流階級では、乳母と呼ばれる生みの母親以外の女性が授乳や子育てを担当する場合もあった。ただし、一夫多妻制では、あくまでも産んだ女性が子どもの正統な母親として認められたため、代理出産の定義にはあてはまらないと考える。

二十世紀に入ると、アメリカで商業的代理出産が開始された（報酬と引き換えに妊娠・出産を請け負うビジネスである）。一九七六年、アメリカの弁護士ノエル・キーンが代理出産を斡旋・仲介する会社を立ち上げた。依頼者夫婦と代理母の間に契約書が交わされ、依頼男性の精子を用いて人工授精がおこなわれた。代理母は、妊娠・出産の負担に耐え、子どもを依頼者に引き渡すかわりに、報酬を受け取る。キーンが斡旋した代理出産契約では、人工授精がおこなわれ、代理母になる女性と依頼男性の間での性交を通じた身体接触は避けられている。しかしそれでも、代理出産は、世間からスキャンダルな行為として捉えられた。依頼夫婦と代理母が子どもの親権をめぐって争ったベビーM事件[4]は、人工授精型の代理出産がはらむ問題点を浮き彫りにしたものとして、代理出産の歴史に刻まれることになった[5]。

その後、体外受精技術が開発され、人工授精型の代理出産は、代理出産ビジネスの表舞台からは消えた。現在、体外受精を用いた代理出産は、代理母の心理的負荷を少なくする「倫理的な」やり方として関係者らによって受け入れられている。しかし、現在でも人工授精を用いた（すなわち代理母の卵子を用いた）代理出産は、アメリカやイギリスなどでもおこなわれている。体外受精は高額の費用がかかること、人工授精は自宅などでも手軽にでき、医療機関のように待機時間を必要としないこと、医療が介在しないため外部に秘密が漏れにくいこと、代理母の卵子を使えば卵子ドナーを探す手間やドナーへの報酬を節約できること、などがその理由と考えられる。

生殖技術を用いることで、代理出産に伴うスティグマは大幅に低減される。まず、依頼男性と代理母が性行為をもつ必要はない。これによって、売春との差異化が可能になる。さらに、体外受精を用いれば、代理母と子どもの遺伝的つながりは切断される。このため、実母による子どもの遺棄や児童売買にあたるといった批判を回避することができる。生殖技術を用いた代理出産は、貞操観念や母性イデオロギーといった家父長制的価値観に抵触しない。

体外受精を用いた代理出産は、依頼者の側からみても大きなメリットがある。依頼者は、自らと子どもの間に遺伝的なつながりが存在することや、代理母と子どもの間に遺伝的なつながりがないことを根拠に、子どもへの権利を主張することができる。近年、DNA検査が真正な親子関係の証明として用いられる傾向が強まっていて、代理母は、自らが妊娠・出産に関与したにもかかわらず、子どもに対する権利を主張できない。体外受精型の代理出産では、代理母の位置づけは、しばしば〝レンタル子宮〟や〝孵卵器〟といった言葉によって形容される。

体外受精型の代理出産では、遺伝的つながりを中心とした見方がなされ、生物学的なつながりの意味は格下げ（degradation）されている。[6] 体外受精の発明は、（遺伝物質を提供する）依頼者の権利を強化し、生みの親の役割を過小評価することで、代理出産の普及に大きな役割を果たした。

2　商業的代理出産と生殖ツーリズム

代理出産には無償で代理出産を引き受ける利他的代理出産（altruistic surrogacy）と、妊娠・出産の対価として金銭的報酬を受け取る商業的代理出産（commercial surrogacy）と呼ばれる二つの類型がある。一般に、妊娠・出産は命がけの行為であり、他人のためにそうした行為を無償で引き受けようとする女性はきわめて少ない。このため、無償で代理母を引き受けるのは、一般に依頼者の実母や姉妹などの血縁者や、親しい友人に限られている。一方、商業的代理出産では、「（多額の）報酬」を支払うことで、代理母のなり手を確保しようとするものである。

近年、代理母不足を背景として、先進国などの富裕な住民が新興国に赴いて金銭で代理母を雇う生殖ツーリズムと呼ばれる現象がみられた。新興国では、卵子ドナーや代理母のリクルートが容易かつ安価で可能だったため、代理出産への需要を満たすことができた。不妊カップルだけでなく、自然な生殖年齢を過ぎた人、シングルやゲイカップルら、世界中から多くの人々が商業的代理出産がおこなわれている国を訪れるようになった。他方、市場が膨張するにつれて、さまざまな問題点も明らかになっていった。このため、外国人依頼者を歓迎していた国々もしだいに規制の強化に向かい、二〇一五年末までにインド、タイ、ネパールやメキシコ、カンボジアなどの国々が商業的代理出産の禁止や規制強化に転じ、経済格差を利用した新興国への生殖ツーリズムは、収縮に向かいつつある。

生殖ツーリズムは、経済的に困窮した女性に対して妊娠・出産のリスクを押し付ける「力ずくの生殖医療(7)」という側面をもっている。妊娠・出産するのは代理母になる女性だが、商業的代理出産の現場では、「子どもは依頼者のもの」だとされ、親子や血縁概念について依頼者にとって圧倒的に有利な解釈が流通している。以下に関係者の語りから、生殖ツーリズムや商業的代理出産の現場で、代理母の身体、母性、親子関係や血縁がどのように捉えられているかをみていきたい。

3 依頼者のための妊娠・出産

代理出産の依頼者の関心事の一つは、代理母の出産後、子どもの引き渡しが確実におこなわれるか、ということにある(8)。クリニックやエージェントなど代理出産サービスを提供する組織や個人は、依頼者の利益を守る立場にあり、通常は妊娠前から代理母に介入する。代理母の適格性は、医学・生理学的な観点から妊娠・出産にふさわしい健康な身体をもっているというだけでなく、社会的・心理的・認知的な観点から評価され、選別される。特に、出産後は、約束どおり、子どもを依頼者に渡すことが絶対条件である。

代理母になるには、自分自身の子どもが一人以上いることが条件になっていることが多い。これは、妊娠・出産がどのような経験かを理解しているというだけでなく、扶養する家族がいることを意味し、代理母が代理出産という仕事を責任をもってやりとげることを期待できる。また、その点をさらに慎重に精査するエージェントでは、心理面でのスクリーニングを実施している。「代理母になる女性は教育レベルが低く、人を助けたいという気持ちをもっている。自己主張が強い人は選ばない。心理テストでそういう女性だけを選ぶようにしている」とロシアの医師は述べた。新興国ではしばしば、多額の報酬に引かれ、代理母候補の女性が多数志願してくるため、管理する側にとって都合がいい「従順な代理母」だけを選ぶことができる。さらに、認知面での介入がおこなわれる。体外受精で代理母の体内に移植されるのは「依頼者の受精卵」であり、代理母の子どもではないことが繰り返し教えられる。

「女性には事前にきちんと説明する。母親は誰か。遺伝的つながりがあるのは誰か。十五年前からこの仕事をやっているが、代理母に子どもへのアタッチメント（愛着）が生じる問題はない」（ジョージアのエージェント）

このように、代理出産サービスの提供者は、代理母は、体外受精の仕組みや子どもと遺伝的につながりがないことを理解し、依頼者に子どもを引き渡さなければならないことをあらかじめ納得したうえで移植に臨んでいると主張する。

しかし、体外受精は、新興国の庶民にとって決して身近な存在ではない。例えばインドでは、代理母になる女性は貧しく、十分な教育を受けていない。このため体外受精の仕組みを理解することができず、代理出産を売春のような仕事だと思い込む人もいるという。そして、女性が理解しやすいよう、薬や注射で妊娠する、と説明されることもある。さらには、遺伝的なつながりの意味が理解できなくとも、「依頼者の子ども」だということが具体的にイメージできるよう、次のような例え話が用いられることもある。「あなたの部屋（子宮）を、お金を支払ってレンタルしたのは依頼者だから、契約が終了したら、部屋の中の子どもは依頼者に返さなければならない[9]」。ここでは、子宮は空《から》の部屋に例えられている。

商業的代理出産では、自身が妊娠・出産するのは「依頼者の子ども」だということが繰り返し代理母に教え込まれる。一方、たとえ代理母が子どもを手元に置いておきたいと思ったとしても、現実的にその選択肢は閉ざされているのが普通である。代理母になる女性は、経済的困窮を抱えている。「依頼者に子どもを引き渡さないなんてことはない。代理出産の子どもなんか育てる余裕がない」。これは、インドで代理母のリクルートに携わる元代理母でケアテーカーの女性[10]（当時三十五歳）による証言である。さらに女性は続けた。「代理母にアタッチメントの問題は生じない。いままで自分がやってきたなかでそういう問題は見たことがない。むしろ妊娠八、九カ月になると体がしんどくなってきて、早く出産したい、お金はいつもらえるのかと、そのことばかり聞いてくる」と、胎児のことは頭になく、代理母が考えているのはお金のことだけだと断言した。

しかしこれは、あくまでもビジネスの立場からの発言である。代理出産はお金のためだと言い切ったこの女性も、あるとき、妊娠している代理母を眺めながら、ふと漏らした。「いままでいろんな代理母を見てきたので、いま彼女がどんなことを考えているのか、だいたいわかる」。このエピソードは、代理母も一人の人間であり、お金ですべてを割り切れるわけではなく、心の中ではさまざまな感情が渦巻いていることを示唆している。

さらに、インドの別のケアテーカーによれば、出産後、子どもに未練があるかのようなそぶりをみせる代理母がいるという。

「出産後、しばらくして、依頼者から子どもの写真を預かっていないか、などと聞いてくる代理母がいる。そのとき、「自分の子ども」という言い方をしている。あれだけ「依頼者の子ども」だと言ってあるのに」

代理母にしてみれば、自分で産んだのだから自分の子どもだという意識があるようだという。インドの小都市アナンドで商業的代理出産を提供してきた著名な医師は、「依頼者は子どもを得ることができるし、代理母は大金を手にすることができる。代理出産はウィンウィンの取引だ(11)」と主張している。他方、さまざまな代理母の人生を身近で見てきたケアテーカーは、「代理出産で子どもを得た依頼者の人生は変わるが、代理母の人生は変わらない」と証言する。代理出産では、自分の子どもを得た依頼者のほうが圧倒的に得をしているというのだ。九カ月もの間、子どもを胎内で育て、妊娠・出産の負担に耐えたとしても、「大金をもらっているのだから当然(12)」と、代理母の子どもに対する貢献は、インドの代理出産ビジネスでは全く認められていない。

商業的代理出産が合法化されていたインド（当時）では、出生証明書には依頼者夫婦の名前が記載されることになっていて、代理母の名前はどこにもない。また、インドでは、代理母の卵子を使った代理出産は禁止されていた。このように、代理母が子どもに対する権利をいっさい主張できないようになっている。多額の金銭的対価を支払う依頼者が親としての地位を認められていて、生みの親は、子どもとはなんら関わりがないものとして扱われている。

4　他人の受精卵

　エージェントなど、代理出産を提供する側は、代理母たちは「「依頼者の子ども」だということをきちんと理解したうえでプロセスに臨んでいる」と主張する。こうした介入が、どの程度功を奏しているのか。医師の手によって子宮に置かれた受精卵、その後、胎内で大きくなっていく胎児は、代理母にとってどのような存在なのだろうか。「依頼者の受精卵」を受け入れた代理母たちに聞いた。

「他人の受精卵を使用していて、それを自分のなかに入れてだんだんと大きくなっていくのが不思議な感覚。妊娠・出産そのものは自分の妊娠のときと全く同じで、他人の受精卵だからといって違うわけではない。生まれてくるときには自分の子どものように感じてしまうかもしれない」（タイ人代理母）

　こうした発言はこの代理母に限らない。最も頻繁に聞かれた代理母の言葉を要約すれば、次のようになる。「自分の子どもではないことは理解している。しかし、実際に妊娠してみたら、自分の子どもを妊娠しているときと全く同じように感じられる。とはいえ、受精卵がもう着床してしまったので引き返すことはできない。出産までの間に、子どもと別れるための心の準備をする」

　まるで判で押したように、異口同音に同じような言葉が得られた。たとえ事前に説明され、自らの子どもではないことを理屈としては理解できたとしても、実際に妊娠・出産する自らの身体を通して納得することは容易ではないことがうかがえる。

ほとんどの女性にとって依頼者のための妊娠・出産は全く初めての経験であり、どれほど説明を受けたとしても、そのことの意味をあらかじめ十分に納得して臨むことは難しいのではないだろうか。代理出産とは、あくまでも依頼者のための妊娠・出産である。それは、通常の妊娠・出産とは全く異なるコンテクストにおかれている。

例えば、生殖ツーリズムでは、外国人依頼者と代理母は最初から最後まで全く面会しないケースもある。また、面会したとしても通訳を通して簡単な会話を交わすだけのことが多い。代理母が妊娠中、依頼者は自分の母国で待機するのが普通である。代理母と依頼者が互いの人となりを知る機会は限られている。このように、依頼者が不在のまま妊娠・出産のプロセスだけが進行していくようなケースでは、代理母は、何のために、誰の子どもを妊娠しているかを具体的にイメージすることは難しいだろう。ビジネス化された妊娠・出産というコンテクストで、代理母は、受精卵を受け入れる単なる器として扱われている。(13)

また、代理母は、周囲に代理出産の事実を隠しているのが普通であり、孤立した状況におかれやすい。代理母の監督者である医師やエージェントは、あくまでもお金を支払う依頼者の代理人として振る舞っていて、周囲には代理母の利益を擁護する人間はほとんどいない。

依頼者がオーストラリア人だというタイ人の代理母は、おなかのなかで日々成長を遂げていく胎児について、次のように表現した。

「白人の子どもでも、自分の子どもの妊娠・出産と変わりがない。自分の子どもではないと自分に言い聞かせている。子どもを手放すことは徐々に心の準備ができている。何回もやれば、だんだんと慣れていくのではないかと思う。オーストラリアと違ってタイの食事は野菜や果物も豊富なので子どもは健康だと思う。子どもは白人なので手足が長いのではないかと思う。動きも活発でおなかを蹴る力が強いからそう思う」(タイ人代理母)

彼女は依頼者とはこれまで会ったことがないが、病院のスタッフが教えてくれて偶然オーストラリア人だと知ったのだという。依頼者が白人だと知れば、自分の子ではないということが受け入れやすくなったのかもしれない。子宮のなかで動き回る胎児の存在について、異人種の子どもだから手足が長いのだろう、と想像している。他方、外国人の子どもであるにもかかわらず、胎児はタイ人の食事のおかげで十分な栄養を得て健康に成長しているという先の認識とは矛盾した事実も認識されている。ここには、胎児の成長に代理母の存在が不可欠だということ、代理母と胎児との結び付きが示されている。これは、他人の子どもが自分のおなかのなかで成長しているという矛盾した事実を受け入れるための、彼女なりの解釈だといえるかもしれない。「依頼者の受精卵」を受け入れ、胎内で育てている代理母は、妊娠のプロセスが進行する間ずっと、子どもの引き渡しに向けた心の準備をしている。代理母は、「代理母の子どもではない」と繰り返すだけの周囲の人々からは見えない、孤独な作業をおこなっている。

5　生物学的なつながりの優位

代理母のなかには、他人の卵子を用いて妊娠・出産することの意味を正確に理解していないと思われるケースもあった。代理出産では、代理母と子どもの間には遺伝的つながりはないはずだが、子どもは妊娠・出産した女性に「似る」と考える女性たちがいたのである[14]。ある女性は次のように述べた。

「以前、卵子を提供したことがある。卵子提供でも、子どもは産んだ女性に似ると（採卵した医師から）聞いたから、問題ない。自分は卵子ドナーにはなったが、代理母にはなりたくない。たとえ依頼者の卵子を使っても、自分が産んだのだから子どもは自分のものだ。依頼者には渡さないと思う」（ベトナムの卵子ドナー）

ベトナムでは、女性が子どもを産むことが非常に重視されている。妊娠中、女性と胎児は血液（胎盤）を通して栄養のやりとりをし、情緒的にも深く結び付いていくと考えられている[15]。子どもは産んだ女性と身体的にも情緒的にも深く結び付いているというこの考え方は、ベトナム社会に固有のものではない。妊娠・出産を通じた母子の結び付きを重視する考え方は、多かれ少なかれさまざまな社会にみられる。

「子どもは（卵子ドナーではなく）、産んだ女性に似る」というこの女性の主張は、遺伝学的な面からみるとほとんど誤りである。しかし、こうした理解が生じるのは不思議なことではない。女性の血縁が〈遺伝的つながり〉と〈生物学的つながり〉に分離されたのは、人類史上、きわめて新しい事態である。それまでは、産んだ女性が正真正銘の「母親」だった。

遺伝的知識（または、遺伝的なつながりを優位におく考え方）が普及すれば、こうした血縁観はしだいに変容を遂げていく可能性がある。しかし、これまでどおり産んだ女性が「母親」であるという理解のもとで代理出産がおこなわれるなら、代理母は喪失感や罪悪感を抱くリスクがある。ベトナムでは、二〇〇三年以降、代理出産は全面的に禁止されていたが、その一方で夫婦には子どもが必要だとする社会規範があり、子どもがいない夫婦の需要に応えるため、代理母などの斡旋ビジネスが水面下で隆盛していた。

こうした実態を受け、二〇一五年から、依頼者の精子と卵子を用いた代理出産が親族間に限り合法化された(16)。新しい法律では、産んだ女性ではなく、依頼者が正式な親として認められる。ここには、遺伝物質を提供した人間が親だという新しい血縁観が反映されている。体外受精は、伝統的な母子観念である、生物学的なつながりの優位性を覆しつつある。今後、ベトナムや、ベトナム以外の国々でも、体外受精や代理出産などの技術が新たに導入されて浸透していくことによって、血縁をめぐる捉え方が、生物学的つながりから遺伝的つながりを中心としたものへと変化していくかもしれない。

6　エージェントの介入と依頼者による解除

外国人依頼者は、現地のクリニックなどで受精卵を作って代理母に移植したあと、いったん母国に帰国するのが普通である。代理母が出産を迎えるまでの九カ月間、現地では依頼者に代わって代理母の管理やケアを担当する組織や個人が必要になる。生殖ツーリズムでは、依頼者の代理人としてこうしたことを一括して引き受けてくれるエージェントの存在が不可欠である。

あるエージェントは、代理母が子どもに対してアタッチメントを生じないよう、代理母と依頼者、そして子どもとの間をできるだけ引き離したほうがいいと主張する。

「成長した子どもの写真などを、代理母に送ってくるクライアントもいる。代理母を自分の国や家に招くクライアントもいる。そういうのは、よくないことだと自分は思っている。代理母がまた子どものことを思い出してしまうから。プロセスの間も、依頼者と代理母は会わないようにしている。出産後、代理母が子どもを依頼者に直接手渡すこともない」（ロシアのエージェント）

このエージェントの方針では、代理母と依頼者、そして子どもは徹底的に引き離されている。一般に、「依頼者の利益を守るために」こうしたアプローチをとる商業エージェントが大半である。また、代理母を子どもからできるだけ隔離する方針をとるエージェントでは、母乳の扱いについても、出産後、代理母は母乳を止める薬を処方され、代理母が子どもに授乳をすることはないとしている。これは、いうまでもなく代理母に子どもへのアタッチメントが生じることを避けるためである。しかし、実際には依頼者の側が母乳を希望することもある。そうした場合は、代理母は（搾乳などの方法によって）母乳サービスを提供することもある。また、出産後、依頼者の都合によって、代理母がしばらくの間、子どもの面倒を見ることもある。見知らぬ土地で新生児の扱いに慣れていない依頼者を助けるため、あるいは子どもが帰国トラブルに巻き込まれ、依頼者がいったん母国に帰国を余儀なくされた場合、代理母が駆り出される。このように、代理母が出産後子どもにどの程度関わるかは、あくまでも依頼者の都合によって左右される。依頼者の都合がすべてであり、代理母と子どもを引き離すという原則は、必ずしも守られているわけではない。

他方、依頼者と代理母の交流を推奨するエージェントもある。

「このエージェントでは依頼者と代理母はよくコミュニケーションをとることが推奨される。依頼女性と代理母が頻繁に接しているほうが、妊娠中の代理母の心が安定し、自尊心を保つことができる。そうでない場合、代理母は機械や物として利用されているように感じるかもしれない。依頼者と代理母がよくコミュニケーションをとることで、依頼者は代理母に感謝の念を抱くようになり、代理母は自分の子どもではないことや、依頼者に子どもを渡さなければならないことを理解するようになる」（ウクライナのエージェント）

代理出産を成功裏に導くためには、依頼者が自ら代理母に接し、代理母の利他心を引き出すことが望ましいという。とはいえ、依頼者と代理母が実際にコミュニケーションをとるかどうかは、あくまでも依頼者が決めることだという。このため、出産後、代理母と連絡をとらなくなってしまう依頼者もいる。子どもを引き取ったあと連絡を絶ってしまった依頼者に対し、エージェントは何もできない。そのようなとき、エージェントが失望した代理母のケアをすることもあるという。代理母の多くが、子どもを引き渡したあとも依頼者からのコンタクトを希望していて、依頼者のもとで成長する子どもの姿を見届けたいと願っている。(17) だが、言葉が通じず、生活形態も異なる依頼者と代理母が長期にわたって接点を持ち続けることは難しく、代理母の期待は裏切られるケースも少なくない。

7 棄てられる子ども

代理出産では、代理母に子どもへのアタッチメントが生じて子どもを引き渡さないといった依頼者側にとってのリスクが強調されがちだが、実際には、依頼者が子どもの障害などを理由に引き取りを拒否するケースも発生している。

二〇一四年八月、タイで代理出産を依頼し、双子を得たオーストラリア人夫婦が、障害がある男児をタイに置き去りにし、健康な女児だけを母国に連れ帰ったことが大きく報道された。当時、タイでは代理出産についての法律がなく、子どもを産んだ女性が母親になるという明文規定があった。つまり、依頼者が子どもの引き取りを拒否した場合、代理母はたとえ子どもと遺伝的つながりがなくとも、「産んだ女性」として全責任をとらされることになる。「依頼者の子ども」を引き取って育てていかなければならないのだ。このように、産んだ女性＝「母親」というルールのもとで代理出産がおこなわれるとき、代理母は潜在的に大きなリスクを負っていることになる。オーストラリア人依頼者の代理出産子遺棄事件は、そのリスクが顕在化したものだった。

その後、日本人独身男性による大量の代理出産依頼事件[18]が相次いで明るみに出たことで、タイの商業的代理出産の現場は大きな混乱に陥った。その混乱の最中、エリナ・ニルソンが聞き取りをしたタイ人の代理母たちは、タイを不在にしている外国人依頼者が本当に子どもを引き取りにきてくれるかどうか、強い不安にさらされていたという。

「依頼者が子どもを引き取りにきてくれるかどうか。もし来なければ、お金はもらえないし、そのうえ子どもを自分で育てなければならない。子どもを孤児院に送りたくないし[19]」

タイ政府が商業的代理出産をすぐにでも禁止するのではないかという見通しが高まるなか、一時、エージェントとも音信不通になったといい、代理母たちは妊娠した身体を抱え、こうした不安に一人で耐えなければならなかった。

経済的困窮を理由に代理母に志願したものの、依頼者が約束を守らなければ、さらなる困窮に陥るというジレンマを代理母たちは抱えている。商業的代理出産では、代理母と会うかどうか、子どもを引き取るかどうか、子どもを引き取ったあとも代理母とコンタクトをとるかどうか、すべてにわたって依頼者が主導権を握っている。

さらには、ほとんどの代理出産契約で、妊娠中の胎児の生命についての決定権は、依頼者に委ねられている。オーストラリア人のケースでも、妊娠中に子どもの障害が判明していて、依頼者は代理母に中絶を要請したが、代理母が応じなかったという。[20] 妊娠している女性にとって、中絶する／しないの決定は、自分自身の身体と胎児の生命に向き合ったうえでおこなわれる。妊娠している女性自身が胎児の運命についての決定を下す際、そこにはさまざまな葛藤が生じるのが普通である。しかし、依頼者にとって、妊娠や中絶はあくまでも他人の身体で生じていることである。こうしたことから、希望の性別と違うということや、軽微な障害があるだけでも、妊娠中絶の決断が下される傾向がある。代理出産で出生した子どもの遺棄は、こうした「他人の身体を用いた妊娠・出産」がもつ問題点があらわになった事件といえる。代理母の妊娠中のケアをエージェントに任せ、母国で過ごしている依頼者に、代理母や胎児の生命の擁護者としての役割を期待するのは難しい。その後、オーストラリア人夫婦に引き取られた健康な女児が、将来、自分には双子の兄弟がいたこと、そして、兄弟は障害が理由でタイ人代理母のもとに残されたことを知ったとき、依頼者夫婦を自らの生命を預けるにふさわしい「親」として認め、信頼関係を保ち続けることができるだろうか。

8　依頼女性——自分の卵子と第三者の卵子

代理母になる女性にとって、代理出産とは、他人の卵子を用いて妊娠・出産することである。一方、依頼する女性の側からみれば、代理出産とは、自分の卵子を用いて他人が妊娠・出産することである。女性にとってこれまで経験したことがない、全く新しい事態である。代理出産は、依頼女性にとって、どのような経験をもたらすのだろうか。

　以下は、海外で代理出産を依頼したイスラエル人女性の証言である。

「イスラエルでも代理出産を依頼できるが、海外を選んだ。インドやタイを選ぶ理由は、費用のことが大きいが、もう一つの理由として、イスラエル人代理母の場合、代理母と近すぎるという問題がある。代理母のことが気になってしょうがない。何を食べるか、どのように過ごすか、などと干渉しすぎて精神的に参ってしまう。インドやタイでは代理母とは言葉が通じないのでコミュニケーションが成立しないし、ほとんど会うこともないから、すべてリモートコントロールできるので気持ちが楽に過ごせる」

　これは、代理出産の経験が、依頼女性にどのような葛藤を生むかを示している。この女性は、過干渉を避けるためには代理母と距離をおいたほうがいいと考えていて、そのため、海外での代理出産は好都合だと述べている。依頼女性にとって自らの卵子を用いた代理出産は、胎児の成長にとって不可欠の環境を提供する代理母の身体への関心が強くなりすぎるために、代理母と適切な距離をとることが難しいのだという。

　他方、提供卵子を用いた代理出産の場合は、依頼女性と胎児の関係性は、これとは異なる文脈におかれる。あるエージェントの代表は、提供卵子を使用した代理出産の場合、依頼女性が「母親」としての実感をもつことが難しいケースがあると指摘した。これには二重の理由がある。一つは、外国人代理母が妊娠している間、依頼者は母国で通常の日常生活を過ごしているため、親になる心の準備が不足しがちである。異国の代理母が妊娠・出産した子どもを抱いても、すぐに親としての実感をもつのは難しいだろう。もう一つは、依頼女性と子どもの間に全く血縁関係が存在しないことである。つまるところ、提供卵子を用いた代理出産で追求されているのは、あくまでも男性の血縁なのである。

二〇〇八年にインドで発覚したマンジ事件もまた、提供卵子を用いた代理出産であり、男性の血縁の追求のために婚姻制度や代理出産が利用されたケースであった。マンジ事件の依頼女性は、医師である夫から代理出産を強要されていた。[21] 結局、夫婦は代理母の出産前に離婚し、子どもの法的母親が定まらず国籍不明になる結末を迎えた。こうしたケースで、依頼女性は、見知らぬ女性の卵子を用いて異国の女性が妊娠・出産した子どもの養育を担う「母親」の役割を求められる。マンジ事件のように、こうしたことが男性側の主導でおこなわれるケースでは、育ての母親が子どもへのアタッチメントを抱くことが難しくなることは容易に想像できる。この結果、マンジ事件がそうだったように、夫婦が離別する場合、子どもは女親側ではなく、男親側に引き取られることになる。提供卵子を用いた代理出産には、母子関係が不安定化しがちだという問題点が内包されている。[22] 今後依頼者の高齢化などによって、提供卵子を用いた代理出産を依頼する人々が一層増加することが予想される。

9 ゲイカップルの依頼者

代理出産を依頼するゲイカップルが増えている。ゲイカップル（または独身男性）の依頼者の場合、代理母だけでなく、提供卵子も必要になる。通常、カップルのどちらかの精子と提供卵子を用いて受精卵を作り、代理母に移植する。生まれた子どもと遺伝的つながりがないカップルの一方が、子どもを養子にすることもある。それぞれの精子を用いて代理出産によって子どもを得て、パートナーと共同で子育てをすることもある。

自らも代理出産の経験者であり、代理出産ツーリズムのエージェントを経営しているイスラエルのゲイ男性に聞いた。

「八年前にアメリカで代理出産をした。当時はインドやタイなどのオプションがまだメジャーではなかったと思う。子どもはいま六歳と三歳になっている。卵子は南アフリカの白人女性のものを使用した。子どもの父親はそれぞれ自分とパートナーで、卵子ドナーは同じ女性を使い、代理母は別々の女性に依頼した。アメリカの代理母とはいまもよく交流している。タイやインドの代理母だと言葉は通じないし、文化が違うので心理的な面で難しいのではないかと思う」

二人の代理母が産んだ子どもたちは「腹違いの異父の兄弟姉妹」ということになる。卵子ドナーは匿名であり、子どもたちと会わせることはないというが、生みの親である代理母との交流には積極的である。代理母自身の子どもたちとの交流もあるという。依頼者は、代理母と交流できるように、言葉が通じ、生活習慣が似ているアメリカでの代理出産を好ましいと感じている。ゲイカップルの場合、代理母との交流が受け入れられやすい背景として、育ての女親が不在[23]であることが挙げられるだろう。

一方、ゲイカップルの依頼者について、エージェントの男性は次のように述べた。

「自分のところでもゲイカップルのケースを扱っているが、自分は、ゲイは好きではない。男女カップルの依頼者の場合、代理母がどのような女性なのかを気にする。たいていは事前に代理母に面会し、よい代理母を選ぼうとする。代理母の妊娠中の食べ物にも大変気をつかい、いろいろケアをしたがる。ゲイカップルの場合は、代理母に全く関心がない人が多く、代理母に会おうともしない。まるで子宮さえあれば誰でもいいという感じだ」（タイのエージェント）

この証言には、ゲイに対する偏見が含まれているが、興味深い点もある。代理母の身体に対する距離のとり方が、男女カップルの場合とゲイカップルの場合とでは、異なることが示唆されている。ゲイカップルの場合、この証言どおり代理母に関心がないのだとすれば、それは裏を返せば、代理母の身体に対する過干渉や、虐待といった問題が生じにくいともいえる。

他方、妊娠・出産の仕組みなど女性の身体に対する理解に乏しいことが、問題を引き起こすという指摘もある。タイの商業的代理出産の調査研究をおこなったニルソンによれば、何度受精卵を移植しても代理母が妊娠しないことに対し、苛立ちを隠さずクリニックにクレームをつける依頼者もいたという。(24)

ゲイカップルの依頼者をもつ代理母自身は、どのように感じているのだろうか。

「イスラエルのゲイカップルが依頼者だということは、最初知らせてくれなかった。妊娠してからはじめて教えてもらった。クライアントのことはほとんど情報をくれない。ゲイカップルだと知っても、（受精卵が着床してしまったので）元に戻れない。自分の子どものときと違ってつわりがひど

いし、体もつらいと感じる。前は妊娠中もよく動いていたのに、いまは少し動いただけで疲れる」（タイ人代理母）

代理母は依頼者に会ったことがなくとも、不妊で子どもができない夫婦を漠然とイメージしていることが多い。このため、ゲイカップルが依頼者だと聞いて、不安や懸念が生じてしまうことはよくあるようだ。特に、「母親がいないのでちゃんと育てられるかどうか心配だ」ということを口にする代理母は少なくない。さらに、こうした不安と関連しているのかどうかわからないが、ゲイカップルの子どもを妊娠した前述の代理母は、（自分の妊娠のときと違って）身体に不調を感じているとも述べている。

ゲイカップルの依頼者をもつ別の代理母に、子どもの母親は誰だと思うかを聞いたところ、「ゲイカップルは子どもに対して（母親がいない理由を）説明する責任があると思う。しかし、自分とは全く関係がないと思っている。自分の責任は、妊娠している九カ月間だけ。卵子ドナーが母親だと思う」と自分には母親としての責任はないとはっきりと主張した。

ゲイカップルの依頼者の場合、子どもに母親がいないと困るという懸念が代理母に生じるのは、依頼者のもとで育てられる子どものためを思ってのことだと推測されるが、他方、「母親」役になる女性が不在のせいで、自分に母親の役割が割り当てられてしまうのではないかという危惧を覚えるせいもあるかもしれない。

いずれにしても、ゲイカップルが育て親である場合、子どもは比較的早い時期から、「母親」がいない理由を知りたがるだろう。子どもに代理出産の事実を隠すことが容易な男女カップルに比べて、ゲイカップルが育て親の場合は、子どもに事実が知らされる可能性が高い。ゲイカップルのペアレンティングは、オープンで多様な家族のモデルケースになるかもしれない。他方、このような生殖や家族構成がまだまだマイノリティである社会で、子どもがどのように自らの出生を捉えるか、どのように適応していくことになるかは、ほとんどわかっていない[25]。

おわりに

他人の卵子を用いて妊娠・出産するという経験が女性の身体に生じたのは、人類の生殖の長い歴史から見れば、ごく最近の事象である。生みの母親が遺伝的母親であり育ての母親でもあるという親子関係こそが真正なものだという考え方は、いまだ多くの社会で大方の支持を得ている。第三者が関わる生殖技術、とりわけ代理出産を、家族に関する伝統的価値観を根底から覆し、社会の安定感を大きくそこなうものだと見なし、禁止している国や宗教もある。

他方、体外受精が可能になってから四半世紀という短い間に、さまざまな人々が国境を越えるなどして代理出産を利用し、親になっているという事実が積み重ねられている。このように、代理出産は、すでに人類の生殖の歴史の一角を占めるようになっている。異性愛カップルだけでなく、シングルやレズビアン、ゲイカップルなどが精子提供や卵子提供、代理出産などの技術をさまざまに組み合わせて利用し、家族をつくり、子育てをおこなっている。これらの技術によって生まれてきた子どもの経験はまだ十分にわかっていない。精子提供で生まれ、成人した子どもたちの経験からは、子どもは、できるだけ早い時期に自らの出生に関わる事実を知らされることが望ましいとされている。卵子提供や代理出産の場合でも、同じことがあてはまるだろう。しかし、卵子提供や代理出産では、遺伝的母親と生物学的母親の分離という、精子提供にはない新たな側面がある。こうした生殖技術が女性の心身に対しどのようなインパクトをもたらすか、その結果、どのような母子関係が生まれ、家族関係を通して子どもの心身へと影響を与えていくことになるのかを明らかにし、対処していくことも必要だろう。

注

(1) 一八八七年、イギリスのジョン・ハンターが初めて人工授精に成功したとされる。

(2) 非配偶者間人工授精で生まれた人の自助グループ/長沖暁子編著『AIDで生まれるということ――精子提供で生まれた子どもたちの声』萬書房、二〇一四年

(3) 淵上恭子「「シバジ」と第三者生殖医療――韓国の不妊治療にみる代理出産と卵子提供」「産科と婦人科」二〇〇四年六月号、診断と治療社、七九九―八〇四ページ

(4) 一九八五年、スターン夫妻は無職の女性(メアリー・ベス・ホワイトヘッド)と人工授精による代理母契約を結んだ。契約は、健康な子どもを産んだら代理母は一万ドルを受け取るという内容だった。出産後、代理母は子どもの引き渡しを拒否し、裁判になった。高裁では代理母契約を認め、代理母ではなくスターン夫妻に親権を認める判決が下った。最高裁ではホワイトヘッドを母親と認めたが、ス

ターンに親としての適格性を認め、親権を求めた（母親は訪問権のみ）。

（5）この事件を教訓として、人工授精による代理出産は子どもの引き渡し拒否のリスクが高いとする見方も生じたが、実際には、子どもの引き渡し拒否は、代理母と子どもの間に遺伝的つながりがないケースでも生じている。

（6）遺伝的つながりがすべてであり、子宮は単なる入れ物にすぎないという見方は、医学的にみても正しくない。

（7）宋美玄「経済格差利用し代理出産、代理母の高リスクに議論を」「YomiDr.」(https://yomidr.yomiuri.co.jp/article/20140813-OYTEW54578/)［二〇一六年八月十八日アクセス］

（8）生殖ツーリズムでは、海外で生まれた子どもとの間に法的親子関係を成立させ、子どもを母国に連れ帰ることができるかどうかも、依頼者の大きな関心事になる。海外で代理出産を依頼した多くの依頼者が子どもの帰国トラブルに見舞われた。

（9）Kalindi Vora, "Indian transnational surrogacy and the disaggregation of mothering work," *Anthropology News*, 50(2), 2009, pp. 9-12、日比野由利「子どもは依頼者のもの――インド代理母の真実「壮大な人体実験」」「AREA」二〇一四年五月二十六日号、朝日新聞出版

（10）インドでは、代理母のリクルートやケアに携わるケアテーカーと呼ばれる女性たちがいる。ケアテーカーは、貧しい地域に入り女性や家族を説得し、クリニックに紹介してわずかな紹介料を稼ぐ。女性のクリニックへの送り迎えや、代理母の愚痴の聞き役など、こまごまとした仕事もこなす。ケアテーカーは、卵子ドナー、代理母などの経験者も多い。

（11）*The Indian surrogate: a look into India's surrogacy industry*, pp. 1-45.（著者名・出版社名・刊行年不詳）

(12) インドで代理母になる女性の世帯月収は約五千ルピーから一万ルピー（二〇一五年時点で一ルピー約一・八円）ほどだが、代理出産で得られる報酬は約四十五万ルピーほどであり、彼女らにとって四、五年分の収入にあたる。

(13) インドでは、妊娠中の代理母を預かる宿泊施設も存在した。そこで、代理母たちは十分な栄養をとり、医学的ケアを集中的に受ける。このような扱いに対し、「依頼者の大切な子どもを預かっているというプレッシャーを感じる女性がいる一方で、「妊娠中は花のように大切に扱ってもらえてとてもうれしかった。自分の子どもの妊娠のときとはぜんぜん違う。またやりたい」と代理出産を特別で非日常的な経験だと感じる女性もいた。

(14) 日比野由利『ルポ 生殖ビジネス――世界で「出産」はどう商品化されているか』（朝日選書）、朝日新聞出版、二〇一五年

(15) Melissa J Pashigian, "The womb, infertility, and the vicissitudes of kin-relatedness in Vietnam," *Journal of Vietnamese Studies*, 4(2), 2009, pp. 34-68.

(16) Y Hibino, "Implications of the legalization of non-commercial surrogacy for local kinship and motherhood in Vietnamese society," *Reproductive BioMedicine Online*, 30(2), 2015, pp. 113-114.

(17) 前掲『ルポ 生殖ビジネス』

(18) 二十代前半の富裕な日本人独身男性がタイで何度も代理出産を依頼し、十数人の子どもを得ていたことが報じられた。男性の精子を用い、卵子は白人やアジア系など、さまざまな人種のものが用いられたという。

(19) Elina Nilsson, "Merit making, money and motherhood: women's experiences of commercial surrogacy in Thailand," *Master Thesis in Gender Studies*, Uppsala University, 2015, p. 66.

(20) タイでは中絶が禁止されている。闇で中絶がおこなわれているが、その行為は非常に罪悪視されている。

(21) 二〇〇八年八月、日本人医師がインドで代理出産を依頼し、女児(マンジ)が生まれたが、子どもは無国籍になっているというトラブルが明らかになった。代理出産を依頼した夫婦は、子どもが生まれる前に離婚していた。このため、子どもの出生証明書に記載する予定だった母親の欄が空欄になってしまった。インド側のルールによれば、インド人卵子ドナーは匿名であり、また代理母は子どもの母親ではない。離婚して独身となった依頼男性は、インド側のルールによって、女児を養子に取ることもできなかった。結局、女児は人道的措置によって、無国籍のまま日本に入国した。マンジ事件の依頼女性は、アクアマリンという偽名を使って、自分が代理出産のために利用されているのではないかという疑念や自らの窮状を掲示板などに書き込んでいたとされる。

(22)〈遺伝上の親〉と〈生物学上の親〉の分離による母子関係の不安定化は、第三者の女性から卵子の提供を受けて女性が出産する場合にも生じうる。卵子提供を受けるよう強要する夫に対し、夫婦双方ともに血縁がない養子縁組に比べ、卵子提供は夫が自分だけの血を引く子どもを得ようとするものであり、不公平だという不満を妻がインターネットの掲示板に書き込んでいた(「高齢出産 Voice」[https://www.babycom.gr.jp/voices/kourei/]への書き込み)。また、卵子提供を受けて出産した妻に対し、妻が(子どもと遺伝的つながりがないために)家族内で疎外感を抱かないよう、夫が非常に気をつかうというケースもある(林はるみ「卵子提供で妊娠した日本人夫婦の経験」「日本生殖看護学会誌」第十三巻第一号、日本生殖看護学会、二〇一六年、一三―二〇ページ)。

(23) ゲイカップルの場合、実際には子どもから見て祖母にあたる女性が子育てに積極的に関わっているケースもある。

（24）Nilsson, op. cit., p. 56.

（25）子どもの発達に与える影響は、親の性的志向ではなく、あくまでも子育ての質だとして、ゲイカップルのペアレンティングは、異性愛カップルに比べて劣っているわけではないという調査結果がある。Susan Golombok, "Families created by reproductive donation: issues and research," *Child Development Perspectives*, 7(1), 2013, pp. 61-65.

第2章　特別養子制度の立法過程からみる親子観
――「実親子」と「血縁」をめぐるポリティクス

野辺陽子

はじめに

日本でも一九八七年に「特別養子（特養）制度」が導入され、それまで戸籍に「養子」として記載されていたものが、原則として六歳未満という限定はあるものの、「実子」として扱われることになりました。このような民法上の措置は、親子関係を「血縁主義」から「愛情主義」へ転換するもので、私たち養子縁組家族にとって励ましになるだけでなくて、養子にたいする社会的な偏見の解消を推し進めることにもなるでしょう。(1)

特別養子制度をご存じだろうか。近年、この制度は二つの側面から注目を浴びている。一つは不妊カップルが不妊治療以外の方法で子どもをもつための方法として、もう一つは、予期せぬ妊娠によって遺棄・虐待される乳幼児を救うための方法としてである。不妊治療あるいは乳児遺棄がメディアで問題視されるにつれ、子どもがほしい不妊カップルと遺棄・虐待のリスクにさらされる子どもを結び付ける方法として、特別養子制度に注目が集まっている。

では、特別養子制度とはどのような制度なのだろうか。その説明をする前に、本章で使う用語を説明しておきたい。法律上の実親が常に生みの親だとはかぎらない[2]ことから、本章では、法律上の実親／養親という分類と生みの親／育ての親という分類を基本的に区別する。また、後述するが、実親子という用語には「心理的に結び付いている親子」という意味が込められることがある。このような意味に限定して使用する場合は〈実親子〉と表記する。ただし、生みの親子、法律上の実親子、〈実親子〉が一致していると想定されたり、区別されていない場合（社会通念上は区別されていないことが多いと思われる）は、「実親子」とかぎ括弧をつけて表記する（表1）。

特別養子制度が、不妊カップルと遺棄・虐待される乳幼児を結び付ける方法として注目されるのは、この制度によって形成される親子関係が「実親子」に近いからである。日本の養子制度には普通養子制度と特別養子制度の二つがあるが、

表1　本章で使用する用語

生みの親子	①血縁関係のある親子
実親子	②法律上の実親子
〈実親子〉	③心理的な結び付き（親密性・排他性）がある親子
「実親子」	①②③すべてを含むと想定されている場合

特別養子制度では実親との法律関係は完全に解消され養親だけを親とする関係をつくることができる。普通養子制度では、養子縁組をしたあとも子どもは実親との法律関係が残り、子どもからみると親が二組（実親と養親）いることになる。養親子の離縁も可能である。戸籍には実親と養親の名前が記載され、子どもは養子と記載される。一方、特別養子制度では、子どもと養親の縁組と同時に実親との法律関係は終了する。そのため、縁組後は親は一組（養親）しか存在しないことになる。また、養親子は基本的に離縁できない。戸籍には養親の名前だけ記載され、養子は実子と同じ形式で記載される。二つの養子制度にはこのような違いがあり、特別養子制度は普通養子制度による縁組とは異なり、「実親子」と同様の関係を形成できる制度だと考えられている。

特別養子制度の特徴をより明確にするため、ほかの非血縁親子、具体的には実子入籍、第三者が関わる不妊治療、普通養子縁組、里親と比較してみよう。実子入籍と普通養子縁組を取り上げる理由は、特別養子制度の背景にこの二つとの差異化があったからである（後述）。第三者が関わる不妊治療と里親を取り上げる理由は、この二つが不妊カップルの選択肢として、特別養子と競合するため、特別養子制度の比較対象として取り上げられることが多いからである。

では、これらの違いを図で確認しよう。生みの親と子ども、育ての親と子どもの法律関係を整理すると、図1のようになる。縦軸は子どもが戸籍上、育ての親の実子として扱われるか否かという軸である。横軸は子どもと生みの親（あるいはドナー）と法律関係が存在しているか否かという軸である。

実子入籍とは、夫婦の間に生まれたのではない子どもを夫婦の戸籍に実子として入籍することで

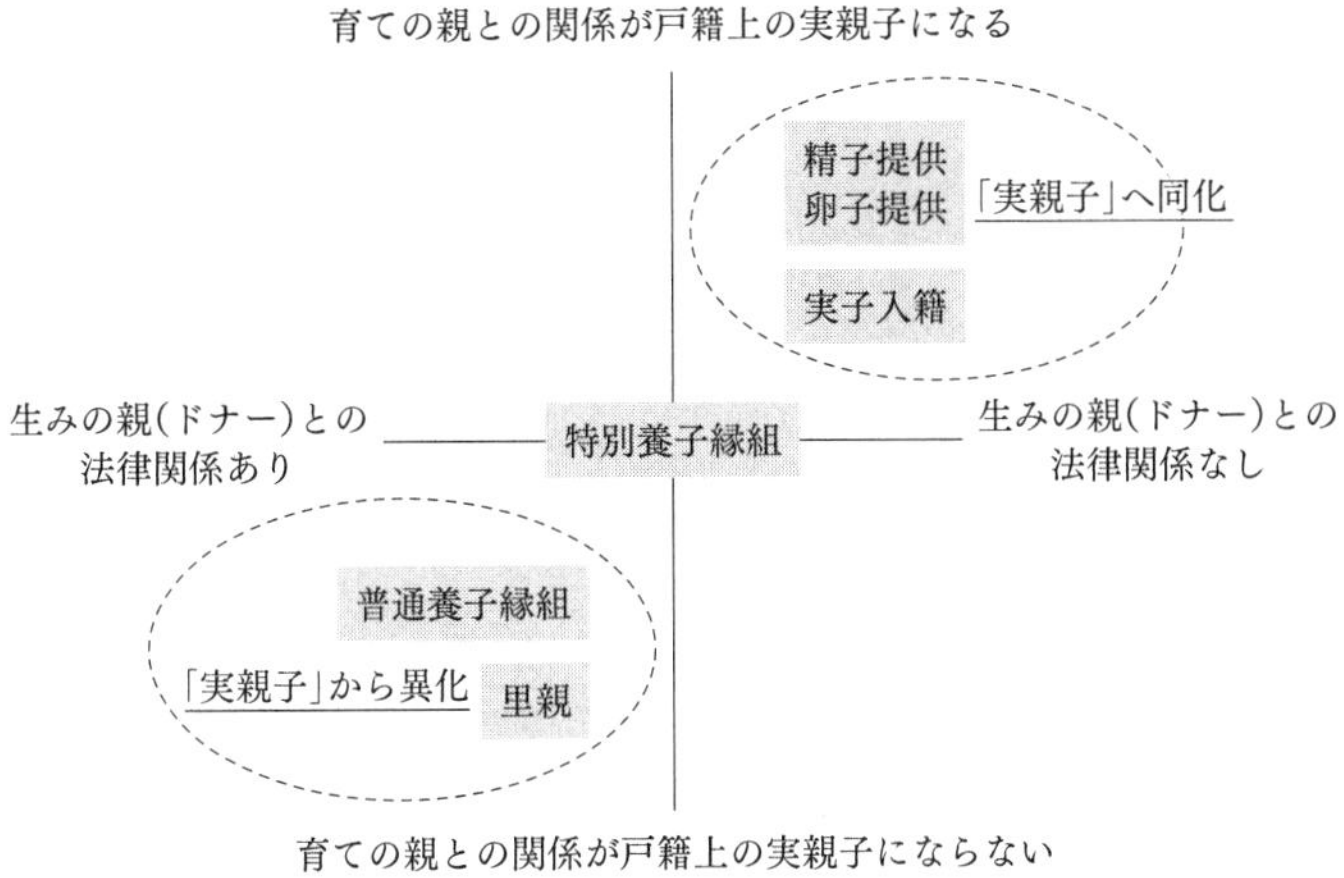

図1　子どもと育ての親および生みの親との法律関係

ある。この場合、夫婦が戸籍上の実親になり、子どもと生みの親との法律関係は全く発生しない。第三者が関わる不妊治療（精子提供、卵子提供）では、（現在のところ）子どもを産んだ母とその夫が戸籍上の実親となり、ドナーと子どもとの法律関係は生じず、ドナーを特定する仕組みも法律上、整備されていない。里親制度では、里親子の間に法的親子関係はなく（ただし、里親には監護権、教育権、懲戒権が与えられる）、里子は生みの親との間に法的親子関係を持ち続ける。普通養子縁組では、育ての親との間に法律上の親子関係が生じるが、子どもは育ての親の実子ではなく「養子」と戸籍に記載される。

　このように図に表示すると、非血縁親子には、子どもと育ての親との関係を、血縁がある親子関係に近づけようとして「実親子」に同化するベクトルと、そのようなすり寄せはせずに子どもは生みの親との法律関係を維持し、「実親子」から異化するベクトルの二つが作用していることがわかる。

特別養子縁組の場合は、養子の戸籍は実子と同様の形式で記載され、生みの親との法的な関係は養子縁組と同時に終了するものの、子どもは戸籍を通じて生みの親をたどることができ、「実親子」へ同化するタイプとも異化するタイプとも一線を画している。特別養子はその名のとおり、「特別な」養子として実子と養子の境界に位置している。

1 特別養子制度の親子観

このような実子と養子の境界に位置する特別養子は、一般にどのように評価されているのだろうか。特別養子制度では、血縁関係がない子どもを引き取って育てていることに加えて、養子を「実子と同様に扱う」ことから、「血縁を超えた」「新しい親子の形[3]」と評されている。例えば、「血縁重視主義の流れのなかに親子についての新しい考え方を導入した[4]」「血縁の要素を払拭した養育の要素の純化[5]」「親子関係を「血縁主義」から「愛情主義」へ転換するもの[6]」などと評価されていて、特別養子制度は従来の養子制度とは異なる革新的な制度だとされる。一方で、戸籍上養子を実子と同様に記載することから、「擬制した血縁関係を生かすという考え方は、余りにも血縁絶対主義の神話にこだわりすぎている[7]」という評価もある[8]。このように、特別養子制度の評価はどの点に着目するかによって異なっている。

特別養子制度では、子どもは実子と同様に扱われるといわれるものの、養親夫婦の間に「生まれた子ども」になるわけではない。繰り返すと、特別養子は実子ではなく、「特別な」養子なのであり、従来の養子と実子の境界上に存在する法的類型である。では、非血縁の子ども（≒「養子」）を実子と同様に扱うというのはどういうことか。そしてなぜ、そのような制度を作ったのか。また、特別養子制度は「血縁の要素を払拭した」と評されるが、そもそも「血縁」にはどのような意味があるのだろうか。

本章では、特別養子制度の親子観を検討することによって、「血縁を超える」新しい親子というイメージの陰で見えなくなっている論点を明らかにしたい。そのために、立法の議論に現れた「実親子」や「血縁」の意味内容や、二組の親子関係（生みの親と子ども、育ての親と子ども）の法律関係などを分析する。このことによって、「血縁を超える」「新しい親子」と称されるものの内実に対する理解を深めることができるだろう。

そのため、本章では、特別養子制度の立法過程をさかのぼり、立法の議論に現れた「実親子」や「血縁」の意味を分析する。立法過程をさかのぼるのは、歴史的な分析によって、現在ごく自然で自明のことと思われている親子観が、過去のある時点で偶然に生じたものだったり、あるいは政治的な交渉のなかで恣意的に選択されたものだったりすることを明らかにできるからである。

2 特別養子制度の立法の経緯と背景

特別養子制度が実際に立法に至ったのは一九八二年に始まる法制審議会での議論を通じてである。[9]本章では、特別養子制度の内容に影響を与えた要因として、以下の四点について論じたい。

「子どものため」の養子縁組の構築

特別養子制度立法の背景には、養子制度を「子どものため」の制度にするという動機があった。欧米では第二次世界大戦後、「親のない不幸な子どもに親らしい親を与える」という「近代養子制度の理念」[10]によって養子制度を要保護児童を対象とする児童福祉制度として再構築した。これに対して、日本の養子制度はいまだに不徹底だと一九五〇年代に批判されていた。[11]例えば、「最良の施設があたえうる生活よりも家庭的環境が子の生育のために絶対的にすぐれていることは自明の理である」[12]というイギリスの「立法の動機」が紹介され、日本の民法の養子制度は近代養子法の動向からみるといまだに不徹底だと指摘された。

では、「子どものため」の養子制度の内容はどのように構想されたのか。特別養子制度には、普通養子制度および実子入籍との差異化が求められていた。

普通養子縁組との差異化

単に親がいない子どもに親を与える目的であれば、従来の普通養子縁組でも十分に目的を果たせる。しかし、普通養子制度は子どもの福祉を目的として立法されているわけではなく、相続や扶養などの目的でも利用できるため、「『家』制度の残滓をとどめていて、子のための近代的な養子法としては不十分」[13]だと主張された。ここでは「普通養子制度＝家のため」「特別養子制度＝子どものため」という図式が設定され、普通養子制度のほかに、新たに子どもの福祉のための特別養子制度を設けることが立法の目的とされた[14]。

実子入籍の合法化

また、実子入籍との差異化も立法の目的だった。実子入籍とは「わらの上の養子」ともいわれ、生後間もない他人の子どもを引き取って、夫婦の嫡出子として出生届を出し、そのまま夫婦が生んだ子どもとして養育する慣習である[15]。実子入籍は戦前から頻繁におこなわれていたが、虚偽の出生届を防止するために、戦後に改正された戸籍法では、医師や看護師などの出産立会者による出生証明書を届出書に添付しなくてはならなくなり、実子入籍に規制がかけられた。

実子入籍は違法であることに加え、子どもが成人後に、遺産相続などをめぐって親子関係不存在確認の訴え[16]が起こされるなど、法的なトラブルが頻発して問題となっていた[17]。虚偽の出生届による親子関係では、養子縁組の効果も認められず、親子間に何の法的権利・義務も発生しない。そのため、他人が生んだ子どもを戸籍に「適法に実子と記載する制度を正面から認めて[18]」そちらに誘導する、すなわち、実子入籍という慣習をある程度合法化するような制度を新たに設けることで、親子関係不存在確認の訴えに巻き込まれる子どもを救済し、同時に、実子入籍を規制しようという意見が法学者の間に存在していた。また、実子入籍という慣習は「国民のあいだに他人の子を自分の子と同様にして養育したい、というかくされた願望[19]」の現れだと解釈され、それを法律的に認めていこうという議論があった。

海外の立法の動向

さらに、実子入籍は日本独自の慣習ではなく、「嬰児を貰い受けて、実親との法律関係を絶ち、全く自分たち夫婦の子と同じ法律関係をつくるだけでなく、出生証明書などにも自分たちの子と記載する制度が、フランスやアメリカにあ[20]」り、「諸外国にみられる孤児の救済とか、私生児救済のための養子についての一つの立法の方向と合致する[21]」と、海外の養子制度改革の動向も、特別養子制度を立法する根拠の一つとして主張された。

このような四つの理由が特別養子制度立法の背景にあった。なお、実子入籍を合法化するという動機が背景にあったため、特別養子制度による親子関係は「全く自分の生んだ子と同一の関係をつくる特別のもの[22]」という観点から構想されることになった。この観点から、①生みの親と法的に断絶すること、②養子を戸籍上、実子と同様に扱うこと、の二点が特別養子制度の大きな特徴として設定された。実子入籍という慣習は「子どものため」のものではないが、実子入籍を合法化することは、「親の希望を満たすと同時に、他方では子供の保護にもなり得るのではないか[23]」というロジックで、「子どものため」の養子縁組という養子法の近代化を目指す動きと接続されたのである。

以下では、特別養子制度の立法過程でおこなわれた議論を分析する。分析する資料は法制審議会の議事録や国会会議録、専門雑誌に収録された論文・記事などである。なお、本章の目的は特別養子制度の立法過程そのものを再構成することではなく[24]、「実親子」と「血縁」の意味を読み解くことであるため、本章の問題関心に合う部分に焦点化して議論を再構成する。具体的には、「子どものため」という観点から、①生みの親と法的に断絶すること、②養子を戸籍上、実子と同様に扱うこと、という特別養子制度の特徴についてどのような議論がおこなわれたのかを、「賛成論」と「反対論」に分けて再構成し、分析する。

3 立法の論点：1――養親子の表象：戸籍の記載をめぐる議論

特別養子立法の最大の争点になった戸籍の記載に関する議論から確認していこう。特別養子制度の立法は、戸籍の記載についての議論がまとまらなければ不可能だったともいわれている[25]。

賛成論

戸籍の記載を実子と同様にするという案に対する賛成論からみていく。賛成論の論拠は、大きく分けて四つあった。

まず挙げられるのは、子どもに親は生みの親だと思い込ませたほうが親子関係はうまくいくという論拠である。これは主に一九五〇年代に主張された。「生まれて、すぐとかあるいは三つとか四つとか、非常に小さいときから、養子にして、それを自分の実子と同じように育てたいという親が相当多[26]く、さらに「戸籍の上で養子ということがわかると、親子の関係があとでまずくなったりすることがあるので、戸籍の上でも実子にしておきたい[27]」という親の願望があると論じられた。また、「戸籍の場合には、真実の親だと思いこませようとする積極的な意味がある[28]」という主張にみられるように、ここでは法律上も実体上(日常生活のうえで)も親が生んだ子どものように思わせる(=血縁関係を偽装する)ことが良好な親子関係のためには望ましいとされている。そして、このような戸籍の記載は「親の希望を満たすと同時に、他方では子供の保護にもなりえるのではないか[29]」というロジックで、子どもの保護と接続して主張された。ただし、このような主張は七〇年代以降は聞かれなくなる。

次に、捨て子・婚外子であることを隠すという論拠である。「断絶された子供には戸籍上は実親がいないことになり、捨子を公示することになるから、子供の幸福のためには、養親が戸籍上〝実親〟に代わることが望ましい[30]」と、子どもが孤児や婚外子であることを隠すことが「子どものため」だという主張は、進学や就職などで戸籍を提出する機会が多かった時代背景も影響している。

第三に、生母のプライバシーを保護するという論拠もあった。これは、一九七〇年代に産婦人科医である菊田昇医師が口火を切った実子特例法が議論されていた際に主張されたことである。「婚外の子を救うためには未婚の母に保護を与えなければならない。なぜなら、未婚の母を追いつめることは、とりもなおさず胎内の子、又は彼女に育てられている子供を共に追いつめることになるからである(31)」というように、生みの母の保護は子どもの保護だというロジックが用いられている（ただし、この主張はあまり広がらなかった）。

第四に、ほかの論拠とは少し位相が異なるが、実子という記載は生んだ子どもという意味ではない、国家による親子の承認だという論拠もあった。これは一九七〇年代から主張され始めた意見である。それ以前は、「実子にする」とは単なる「実親子」を模倣する（まねをする）だけではなく、生んだ子であるかのように偽装する（よそおい、周囲から隠す）ことでもあった。しかし、のちに「実子にする」の意味が変化していく。例えば、「戸籍即ち生物学的な血統書ではなく、また現在の戸籍が真実の血統関係全部を反映しているとは必ずしもいえ(32)」ないことから、「この子こそ自分の子供だという気持ち、また子にとってこのお父さんお母さんこそ本当のお父さん、お母さんなのだという感情があれば、法律は実親子のタイトルをこの養親子に与えてよろしいのではないか(33)」と主張されたのである。

以上の四つ以外にも、「外国に先行事例がある」「外国では特別養子制度のような養子制度が主流である」と、欧米諸国と足並みをそろえるべきだという賛成の論拠があった。

以上のように、賛成論には、単に子どもの保護を重視する意見だけではなく、養親の願望や生みの母の願望を子どもの保護と接続する意見や、法制度の発展を企図する意見などがあった。次に反対論をみていこう。

反対論

反対論の論拠は大きく分けて三つあった。まず、最も強力な反対論の論拠として、戸籍の信頼性をそこなうというものがある。戸籍の信頼性を問題視する論拠は主に、①近親婚が防げなくなる、②戸籍係が血統調査をできなくなる、の二点だった。そのほか、血縁関係がない子どもを実子と表記することは、民法の法体系の根幹に関わるため、法務省からは「実親子関係がない他人の子供を自分の子供であるというふうな形で身分関係を偽って、戸籍上実親子の記載をするという意味での実子特例法というのは、これは親族法、相続法あるいは戸籍法の根幹に触れる問題でありまして、私どもとしては、そういった虚偽を基礎にして身分関係を形成していくというわけにはまいらないのではないかと考えます[34]」という意見が出された。

次に、親子関係に悪影響があるという論拠である。戸籍に実子と記載することに対しては、①あとで子どもが養子であることを知ったときに、育ての親との親子関係がまずくなる、②養子であることを明示しなければ、安定した親子関係はつくれない、③戸籍の記載と親子関係の良し悪しは無関係だ、と批判された。「なぜ養子であるのにそれを実子となぜ書かなければいけないのか、そこが一番本質的なことだと思う[35]」という批判や、「養子・養親関係が唯一安定した恒久的親子関係となるか否かは、「戸籍記載内容とはおよそ無関係[36]」だという批判である。

また、子どもの「アイデンティティ」が保障されないという論拠である。一九七〇年代ごろから徐々に戸籍の記載について、従来、議論されていた親子関係がうまくいく／いかないという水準の問題ではなく、子どもの「アイデンティティ」という観点から反対論が出てくるようになる。「実親を隠すという発想に対しては、近親婚の弊害よりも、子供は自分の親を知る、自分の出生を知る権利があるというのが、最近のアメリカの制度についての問題であるというふうに伺っております。イギリスの一九七二年の養子法に対する報告でも、やはり子供の自分の出生を知る権利というものは認めるべきだということも出ているように伺っております[37]」と、海外の動向を踏まえた反対論もあった。

賛成論と反対論の調停

結果として、養子は実子と同じように戸籍に記載される（「養子」という記載なし）ことになったが、生みの親の戸籍に出産の事実が記載され、養子は戸籍を通じて生みの親をたどることができることになった。では、賛成論と反対論はどのように調停されたのだろうか。

まず、戸籍の記載は技術的に解決できると説明された。戸籍の記載に関しては、「今まで戸籍の窓口で養子の義（ママ）の字、養父の義（ママ）の字が書いてあるのを関係者が非常に嫌う[39]」ため、実子と同じ戸籍の記載を希望する養親希望者のニーズを満たすという観点からも、戸籍に実子と同様の記載がなされることになった。しかし、一方で、戸籍の索出機能をそこなわないよう、子どもが特別養子であることを知ることができるよう、また生みの親の情報（氏名と本籍地）については戸籍からたどれるように、その点に配慮した仕組みが考案された。

戸籍の仕組みを説明すれば、まず、子どもは生みの親の戸籍に入籍し、その後、生みの親の本籍地に子どもを筆頭者とする単独戸籍が編成される。子どもはこの戸籍から養親の戸籍に入籍し、単独戸籍は除籍となる。子どもは除籍となった単独戸籍から生みの親の戸籍を検索できるようになった。このような仕組みは「特別養子が成長して実親が誰であるかを知りたいときは、除籍簿をつうじて実親の戸籍をたどることができる。いわゆる特別養子の実親を知る権利（アイデンティティを知る権利）を保障したものである」[40]と説明された。

そして、この記載法は真実告知を前提とすると説明された。子どもは、戸籍から生みの親の氏名と本籍地をたどることができる仕組みになっている。しかし、戸籍を見る機会がなければ、子どもは自身が養子であることに気づかないだろう。そこで、養親は子どもに養子であると伝える告知をするという前提が議論に持ち込まれた。しかし、「子供に養子であることを知らしめるということは、親子関係の正常な発展のために親子関係だけ考えていくべきでございまして、それには子供の発育の状況とか親に対する感情とか家庭の環境とか、そういう中でしかるべき時期にしかるべき方法によって親から直接に教えてやるということが必要なわけでございます。それは全く家庭内の問題として考えていただきたいとおもうのでございます」[41]と説明され、告知が法律で義務づけられることはなかった。

このような戸籍の記載は、養親子関係の心理的安定を図るためとして、①第三者の介入を防げる、

②戸籍によって養親が唯一の親であることを公示することで養親子関係が安定するとした。「子供が養子になった場合に、実方と養方といいますか、その二つの、法律関係、身分関係が生ずるということが実際は非常に不安定になっておるという指摘、批判がございました。やはり子供としましては、特に小さいときは自分の親というものは一緒に住んでいる両親が自分の親である、そういう精神的な安定感というものを持っていませんと養育上非常によくないということが指摘されております[38]」と、子どもの心理という観点から実子と同じ記載をすることが説明された。

まとめれば、戸籍の記載をめぐっては、(戸籍の信頼性という論点を除き)養子を実子と同様に記載することが養親と子どものためにいいのか／悪いのかについて議論がおこなわれた。結果として、戸籍では養親が唯一の親だと公示することが子どもにとっていいという結論に達したのである。

4 立法の論点：2——実親子の法律関係をめぐる議論

生みの親との関係では、「縁組成立後も実方との法律関係を存続させることは相当か」について検討された。普通養子制度では、養子は養親の嫡出子の身分を取得し、養親の名字を名乗り、未成年者の場合は養親の親権に服する。しかし、それ以外の親族関係は影響を受けないため、子どもは相続や扶養に関しては、養親と実親の両方と法律関係があった。

一方、当時の欧米諸国[42]では、子どもと生みの親との法律関係を断絶する制度のほうが多かったため、生みの親との法律関係を維持するのと断絶するのとでは、どちらが「子の福祉にとって有益であるかを、国民意識をも踏まえながら[43]」慎重に検討することが求められていた。

賛成論

生みの親との法律関係を断絶するという案に対する賛成論からみていく。賛成論の論拠は大きく分けて三つあった。

まず、実親からの干渉を防ぐ／子どもがのちに紛争に巻き込まれるのを予防するという論拠である。これは一九五〇年代から八〇年代を通じて主張された意見である。普通養子縁組では二組の親子関係が維持されることで、「双方に相続関係、扶養関係などをもつことは、無用な紛争に養子を捲き込むことになるかもしれない[44]」ということが懸念された。例えば、子どもの養育に干渉されたり、また子どもが成人後は相続・扶養をめぐって法的紛争に巻き込まれたりする可能性が高いと考えられていた。そのため、「あとで実親の方から何か文句をいってきたりすることがないようにする[45]」ことが「子どものため」に必要だと主張された。

次に、生みの母を保護する／生みの母による子殺しを防止するという論拠である。これは、一九七〇年代に産婦人科医の菊田昇医師によって強力に主張された論点である。菊田は、実親子関係の断絶を子どもの保護という観点からではなく、生みの母の保護という観点から主張している。「日本では昔から血縁信仰があり（略）〝腹をいためた母〟が子を捨てたいなどとは〝もっての外〟という原則論を固執してきた。追いつめられた母子を積極的に救済するよりも、そのような身勝手な母をもっと懲らしめなければという意識が強かったのであろう。そこで、子供と断絶を求める母は嬰児殺によって、その目的を果たしたのである[46]」と主張された。しかし、生みの母に配慮するこの論点は立法の議論の場で広く共有されることはなかった。

最後に、二組の親がいるのは子どもにとって精神的に好ましくない／排他的な関係性によって養親子の心理的安定が図れるという論拠である。これは一九八〇年代から強力に主張され始めた議論である。「子にとって、二組の親が存在することは精神的にも好ましくないことが多い[47]」「親は養親だけである、他に親はいないということに法律上もなっていて、はじめて、親子関係は心理的に安定し（里親ではここまでいきにくい）、それはいうまでもなく子どもの福祉にきわめて大きく貢献する[48]」と心理学的な言説でこの論拠は補強された。養親に対する配慮でも、実親に対する配慮でもなく、子どもの心理に対する配慮が八〇年代に入ってから前景化し始めたといえる。

以上、引用してきたように、賛成論では、一組の排他的な親子関係をつくることで養親が安心して子どもを養育できることが利点として強調された。生みの母の保護も主張されたものの、その主張が大きく広がることはなかった。次に反対論をみていこう。

反対論

反対論の論拠は大きく分けて三つあった。まず、実親子間の権利・義務を奪うという論拠である。一九五〇年代から一貫して主に法律家が主張している反対論である。例えば、資産家の実親の場合、実親子間が断絶することは、養子となる子の不利益となるのではないか[49]という主張があった。実親子には法律的な権利・義務関係が発生するため、法律家がその法的断絶に敏感になるのは当然ではある。

次に、親子の情愛に反しているという論拠である。特別養子制度の立法が実現を目前にした一九八〇年代に出てきた反対論である。「問題なのは、子どもに対する愛情をもちながら、自ら育てることができず、他人に養育を頼みたいと思っている親の場合に、親子関係を切断することは酷ではないか[50]」と、「血縁」を基盤とした親子の愛情に着目した主張がなされた。

最後に、子どもの「アイデンティティ」が保障されないという論拠である。これも一九七〇年代後半から八〇年代に出てきた反対論である。戸籍上養子を実子と同様に記載することや実親子の法的断絶に対する反対論として強く押し出されたのがこの立場であり、「血縁」の新たな意味づけとして、「血縁」から生じるとされる子どもの「アイデンティティ」「ルーツ」を重視している。「法的関係を消滅させることが、子どもの出生の事実を遠ざけることになってしまってはいけない。私達は養子が自分の出生の事実を知ることは重要であると考え、真実告知の大事さを養親に話し続けてきた[51]」「養子であることは隠しきれるものではありませんし、またアイデンティティの確立のために自分のルーツを探ってゆく経過が避けられないことだとするなら、特別養子法が子どもにとってどういう意味をもたらすのだろうと考えずにはおれません[52]」と、主に児童福祉の専門家から強く主張された。

賛成論と反対論の調停

実親子の法的断絶については、戸籍の記載ほど法技術的な意味での立法上の障壁はなかったといわれている[53]。しかし、反対論があるなかで実親子の法的断絶をおこなおうとするときに二つの条件が付加された。「要保護要件」と「実親の同意」である。

要保護要件とは「父母による養子となる者の監護が著しく困難又は不適当であることその他特別の事情がある場合において、子の利益のため特に必要があると認めるとき」（民法第八百十七条の七）というもので、生みの親が子どもを育てられるなら育てるべきだという規範を条文化したものである。この要件は生みの親が特別な理由もなく、子どもを養子に出すことを防ぐ効果がある。この要件は、「特別養子縁組が成立すると、実父母との親子関係が断絶し、養親とのあいだに実子同様の関係が形成されることになるので、その成立には、それだけの要保護性を必要とする趣旨[54]」と、法的断絶の効果の大きさから説明された。また、「養子縁組が子の福祉のためのものとするならば、原則として、要保護児童に限るべきであろう。（略）親の監護に欠ける子のための養子法であることは、要件面においても明らかにすべきである[55]」と、普通養子制度と特別養子制度を区別する必要があることからも、この要件が必要とされた。

実親の同意とは「特別養子縁組の成立には、養子となる者の父母の同意がなければならない」（民法第八百十七条の六）というもので、「このことは、親子関係が断絶するという縁組成立の効果の重大性にかんがみ、父母の意思をあくまでも尊重しようとするものである[56]」と説明しているように、要保護要件と同様に法的断絶の効果の大きさから説明された。要保護要件も実親の同意も特別養子縁組に一定のハードルを課す条文である。

また、条文にはないが、実親子関係は法的になくなるだけで、当事者間の交流を妨げるものではないという説明もなされた。法務省は、生みの親との相続・扶養などの権利・義務関係は終了するが、「法律上の親子関係（親子のあいだの権利義務関係）を消滅させる、ということにすぎず、親子間の自然的な血縁関係や人間的な感情までもすべて否定してしまうものではない[57]」と述べ、特別養子縁組後に生みの親と子どもが個人的に交流を保ち、扶養したり、財産を贈与したりすることまで妨げるものではないとしている。

実親子の法律関係をめぐる議論でも、実親との法律関係の終了が子どもにとっていいのか悪いのかが議論された。結果として、第三者が介入できない、唯一の親子関係を法律でつくることが子どものためにいいという結論になった。ここでは、排他的な一組の親子を形成することが「血縁」よりも重要だと判断されたことになる。

5 「実親子」と「血縁」をめぐるポリティクス

最後に、特別養子制度の二つの特徴をめぐる議論から、「血縁」と「実親子」の意味を考察し、そこから浮かび上がってきた論点として、①「血縁」の虚構性と絶対性、②実親子の意味づけ直し、③生殖と養育の分離と、「出自」と「アイデンティティ」の接続、について論じてみたい。

表2　特別養子制度の立法過程の議論に現れた「実親子」の意味

	生みの親子	特別養子制度による親子	普通養子制度による親子
①カップルの間に生まれた子ども	○	×	×
②法律上の実親子	○	△（戸籍の記載）	×
③心理的な結び付き（親密性・排他性）	○	○	×

「血縁」の虚構性と絶対性

前述したように、「実親子」という用語には、①血縁関係がある（カップルの間に生まれた）子ども、②法律上の実親子、③心理的に結び付いた親子、の三つの意味が普段は意識されることなく結び付いているが、特別養子制度の議論では、これらが分解されて議論された。

特別養子制度で目指されたのは、カップルの間に生まれた子どもでなくとも、戸籍上の記載を実親子と同様にするという法律上の仕掛けを用いることで、心理的に結び付いた親子を形成することだった（表2）。

一九五〇年代の法学者たちの議論をみると、「実親子」関係というのは、「子が親になつく」という表現に表れているように、親密な関係があり、その関係の前提として「実の親がわからない」、つまり親は養親しか存在しないという排他性が重視されていた。そしてそのような「実親子」関係とは、生物学的な血縁関係がなければ生じないものではなく、生物学的な血縁関係があると思い込めば生じると考えられていた。そのため、子どもの年齢が低いことと、戸籍の実子という記載が必要だと主張された。

このような議論は、「血縁がなくとも〈実親子〉のリアリティはつくれる」という認識に基づいていて、「血縁」の影響力の虚構性が鮮明に表れている。しかし、同時に「子どもに血縁があると思い込ませ」なければ、生みの親子（にナイーブに想定されているような）〈実親子〉関係が築けないということも意味していて、「血縁」の偽装を養親子間に求めるという点では、シンボルとしての「血縁」の絶対性が表れているともいえる。

もっとも、養親子間に「血縁」を偽装することに関しては、のちに子どもが養子だとわかったときにショックを受けるだろうという点から批判もあった。そのため、「最初から養子だと教えこんで、破綻を未然に防⁽58⁾ぐ」という告知の必要性が主張された。

ちなみに、告知に対しては賛否両論があった。反対論者は、戸籍の記載に支えられた「血縁」の偽装が作り出した親子のリアリティを告知によって壊すことに反対し、賛成論者は、偽装によって作り出された親子のリアリティがいったん成立してしまえば、告知してもそれは決して壊れないと主張していた。このように、この時点では「血縁」の偽装が親子のリアリティを作り出すという前提は共有されていた。そのうえで、告知は（「子どもの権利」などではなく）あくまでも親子関係がうまくいくかどうかという観点から論じられていた。

同化と異化のベクトルの間で――実親子の意味づけ直し

前述のように、「血縁」を偽装するような制度に対しては、戸籍の記載に信頼がおけなくなることと、近親婚の恐れが生じることなどから反対意見が強かった。ところが、特別養子をどこまで実子に近づけるかという議論のなかで、実子の意味の読み替えが起こった。

一九五〇年代の実子入籍の議論で、養子を戸籍上、実子として扱おうと主張した理由としては、周囲に対して夫婦が生んだ子どもに見せたいというだけではなく、子ども自身に親から生まれたと思い込ませたいということがあった。しかし、七〇年代の特別養子制度の議論では、周囲に対して自分が生んだ子に見せたいという動機は依然として存在していたものの、子ども自身に血縁関係があると思わせたほうがいいという主張はもはや出てくることがなく、それならば、戸籍には養子と書けばいいという議論が出てきた。

戸籍の表記をめぐっては、養子を実子と表記しようとする意見に対しては、実子とは血縁関係ではなく心理的結び付きだといってはみても、通常は実子とは血縁関係があることを意味するため、「血縁にこだわっている」という批判がなされた。反対に養子は「養子」と表記すべきとする意見に対しても、血縁関係の有無によって子どもを区別することになるため、「血縁にこだわっている」という批判がなされた。結局、「実子」「養子」のどちらの表記を選択しても「血縁にこだわっている」という批判を受けたのである。

マイノリティをマジョリティと同じように処遇しても、逆に異なった処遇をしても結局は困難に陥ることを「差異のジレンマ」(59)と呼ぶが、法務省は実子とは「血縁」の有無による用語ではなく、単なる法律上の用語なのだと説明し、実子の意味内容を社会通念からずらすことで、この「差異のジレンマ」から脱し、特別養子の戸籍の表記を実子と同様の扱いにできたと考えられる。

生殖と養育の分離、「出自」と「アイデンティティ」の接続

立法過程で、生みの親と子どもの法律関係を終了させるべきと論じた際に「子にとって、二組の親が存在することは精神的にも好ましくない」という心理学的な専門家言説が引用された。この考え方によって生みの親と子どもの法律関係を消滅させる一方で、「血縁」には子どもの「アイデンティティ」という新しい意味が浮上してきた。換言すれば、生殖と養育の分離は、同時に「血縁」と「アイデンティティ」の接続を伴ったということである。

そもそも、普通養子制度しかなかった時代には、子どもが生みの親について知ることは問題にならなかった。特別養子制度の立法に先立って、養子縁組の実態調査(60)がおこなわれているが、普通養子制度では、親族間の養子縁組や再婚後の連れ子養子縁組が多いことに加えて、法制度上、戸籍にも生みの親の名前が書いてあるため、子どもの生みの親が誰なのかわからなくなるということがそもそも制度上の問題とはなりえなかった。生みの親が誰なのか、戸籍を一瞥しただけではわからない特別養子制度の立法を契機に、子どもの「アイデンティティ」が立法の議論で主題化したといえる。

立法の議論では、「実親子関係は血縁がなくても法律によってつくることができる」が、同時に「子どものアイデンティティ確立のために出自が必要」という認識枠組みが形成され、戸籍を通じて子どもの生みの親の本籍と氏名がわかる仕組みが新たに考案された。これによって、子どもの「アイデンティティ」と「血縁」が切断できないものとして認識されることになったと考えられる。

この認識枠組みは現在も批判的に検証されないまま通用している。

もっとも、戸籍を通じて生みの親の特定が可能なこのような枠組みが構築できたのは、偶然の条件の合致という要素も大きい。戸籍制度の「正確さ」を維持したいという法務省のスタンスと「子どものアイデンティティにとって出自は必要」という専門家言説がうまく合致したことによって、この時期に立法の場面で前景化した子どもの「アイデンティティ」を支える制度が構築できたと考えられる。

本章では特別養子制度の立法過程を対象に、この制度が前提とする親子観を検証することで、「血縁」や「実親子」をめぐるポリティクスを明らかにしてきた。生殖と養育の分離は、「血縁」と「アイデンティティ」の接続を伴ったが、このような親子を構成する要素の組み替えが、「血縁を超える」新しい親子というイメージの陰で見えなくなっている論点ではないだろうか。生殖と養育の分離が進行すればするほど、子どもの「アイデンティティ」はますます主題化されるだろう。このような社会状況は当事者である子どもにどのような影響を及ぼすのだろうか。これは、「家族の多様化」といわれる現代の重要な論点でもある。本章で展開した議論は射程がより広いそのような問いにもつながっている。

注

（1）「絆の会」編『家族づくり――縁組家族の手記』世織書房、一九九七年、ⅳページ

（2）民法では、親子関係を血縁関係の有無によって、実子と養子に区別していて、実親子関係は血縁関係に基づいて生じるという血縁主義の原則を採用している。ただし、この原則は母と父で差異があり、どんな事例でも貫徹されるわけではない。母子関係については、出産の事実によって当然親子関係が発生すると解釈される。一方、父子関係は、親子関係の確定に血縁よりも結婚という要素が影響を与えている。例えば、子どもが夫の子でなくても、嫡出否認をしないかぎり、婚内で生まれた子は両親の子とされるので、生物学的父子関係と法的父子関係が一致しない。民法の規定では、このように血縁主義の原則の例外が多くみられる（鈴木禄弥「実親子関係の存否につき、血縁という要素は絶対的なものか」、幾代通／鈴木禄弥／広中俊雄『民法の基礎知識』第一巻〔有斐閣双書〕所収、有斐閣、一九六四年、一七〇ページ）。

（3）例えば、以下の新聞記事などがある。「[こんにちは！あかちゃん　第九部]核家族化の裏側で（三）血縁を超えて結ばれ」（http://www.nishinippon.co.jp/feature/life_topics/article/37712）［二〇一六年一月十六日アクセス］、「家族二〇一六――「ロボットは家族を、血縁を超えていく」」（http://mainichi.jp/auth/guide.php?url=%2Farticles%2F20151229%2Fk00%2F00m%2F040%2F221000c）［二〇一六年一月十六日アクセス］

（4）有地亨『家族は変わったか』（有斐閣選書）、有斐閣、一九九三年、二二〇ページ

（5）石川稔「親子法における血縁と養育――親子法の課題」「ジュリスト」一九八七年一月号、有斐閣、七九ページ

（6）前掲『家族づくり』ivページ

（7）中川淳『現代家族法の研究』（京都女子大学研究叢刊）、京都女子大学、一九九四年、二六三ページ

（8）先行研究をレビューしてみると、「血縁主義」と判断する際には次の三つの指標があるようだ。①

養子を取らないこと、②（非親族ではなく）親族から養子を取ること、③非血縁者の間に「血縁」を「擬制」すること（野辺陽子「養子縁組の社会学――血縁をめぐる人々の行為と意識」東京大学大学院博士論文、二〇一四年）。

（9）特別養子制度に関する法制審議会での議論は、①一九五七年から五九年、②六二年から六四年、③八二年から八七年の三回にわたっておこなわれている。しかし、最初の二回では意見がまとまらず、特別養子制度の立法は八七年まで持ち越された。

（10）沼正也「養子法の改正方向――特別養子制度を発端として」「法律のひろば」一九五九年九月号、ぎょうせい、七ページ

（11）青山道夫「養子制度の新動向」「法律のひろば」一九五一年九月号、ぎょうせい、一〇ページ

（12）同論文一〇ページ

（13）土屋文昭「養子法の改正について」「判例タイムズ」一九八七年十二月二十一日号、判例タイムズ社、四ページ

（14）土屋文昭「「民法等の一部を改正する法律」の概要」、「特集 民法等の一部改正について――特別養子制度の成立」「法律のひろば」一九八七年十二月号、ぎょうせい、五ページ

（15）実子入籍は違法だが、一九五〇年代ごろまで実際に数多くおこなわれていたといわれている。特に敗戦直後の時期は、戦災孤児や棄児などが養護施設や乳児院から実子入籍によって引き取られていくケースも多かったという（菊池緑「里親家庭の子どもたち」、平湯真人編『施設でくらす子どもたち』〔「子どもの人権双書」第二巻〕所収、明石書店、一九九七年、一五五ページ）。

（16）「親子関係不存在確認の訴え」とは、親子関係が存在しないことの確認訴訟のことである（戸籍法第百十三条）。親子関係が存在しないことを確認する利益が認められるかぎり、誰からでも、期間の

制限なく提起できる。
(17) 久留都茂子「虚偽の出生届と養子縁組」、中川善之助教授還暦記念家族法大系刊行委員会編『家族法大系——中川善之助教授還暦記念』第四巻所収、有斐閣、一九六〇年、二一七ページ
(18) 我妻榮（東京大学名誉教授）の発言。我妻榮ほか「座談会第二回 親族法の改正——法制審議会民法部会小委員会における仮決定及び留保事項（その二）に関連して」「法律時報」一九五九年十月号、日本評論社、六七ページ
(19) 前掲「養子法の改正について」一〇ページ
(20) 我妻栄「養子二題」「ジュリスト」一九五九年九月号、有斐閣、二二ページ
(21) 唄孝一（都立大学助教授）の発言。前掲「座談会第二回 親族法の改正」六八ページ
(22) 我妻栄の発言。我妻栄ほか「親族法改正の問題点 下」「ジュリスト」一九五九年七月号、有斐閣、二ページ
(23) 加藤一郎（東大教授）の発言。前掲「親族法改正の問題点 下」三ページ
(24) 立法の経緯や成立した法律の内容については法務省から解説論文が何本も出ているので、それらを参照されたい。例えば、前掲「養子法の改正について」、前掲「「民法等の一部を改正する法律」の概要」、細川清「養子法の改正」（「特集 特別養子」「ジュリスト」一九八七年十月号、有斐閣）など。
(25) 国会では、法務省民事局の官僚が「戸籍をどういうふうにつくるかということ、これが実は特別養子をつくる場合の一番の難関でございまして」（一九八七年八月二十五日衆議院法務委員会での政府委員〔法務省民事局長〕千種秀夫の発言）と述べている。
(26) 加藤一郎の発言。前掲「親族法改正の問題点 下」三ページ
(27) 加藤一郎の発言。同誌三ページ

(28) 前掲「養子二題」二三ページ
(29) 加藤一郎の発言。前掲「親族法改正の問題点　下」三ページ
(30) 菊田昇「実子特例法の提唱と嬰児殺の防止――中谷教授の論文に反論する」「ジュリスト」一九七八年十一月号、有斐閣、一三七ページ
(31) 同論文一三二ページ
(32) 中川高男（明治学院大学教授）の発言。中川高男ほか「座談会　実子特例法について」「法の支配」第二十六号、日本法律家協会、一九七六年、七ページ
(33) 中川高男の発言。同誌七ページ
(34) 一九七九年四月二十七日衆議院法務委員会での政府委員（法務省民事局長）香川保一の発言
(35) 野田愛子（東京高等裁判所判事）の発言。前掲「座談会　実子特例法について」三二ページ
(36) 星野信也「養子制度改正試案への提言――イギリスの養子制度の動向」「月刊福祉」一九八六年六月号、全国社会福祉協議会、八四ページ
(37) 野田愛子の発言。前掲「座談会　実子特例法について」九ページ
(38) 一九八七年九月三日参議院法務委員会での政府委員（法務省民事局長）千種秀夫の発言。
(39) 一九八七年八月二十五日衆議院法務委員会での政府委員（法務省民事局長）千種秀夫の発言。
(40) 前掲「養子法の改正について」二〇ページ
(41) 一九八七年八月二十五日衆議院法務委員会での政府委員（法務省民事局長）千種秀夫の発言。
(42) 一九八二年に法制審議会での審議が始まると、イギリス、フランス、西ドイツ（当時）、イタリア、スウェーデン、アメリカの養子制度について調査がなされた。
(43) 大森政輔「法制審議会民法部会身分法小委員会における養子制度の検討について」「民事月報」第

三十八巻第五号、法務省民事局、一九八三年、三二ページ
(44) 床谷文雄「養子制度の改正に関する中間試案の問題点」「判例タイムズ」一九八六年四月三日号、判例タイムズ社、二三ページ
(45) 加藤一郎の発言。前掲「親族法改正の問題点 下」三ページ
(46) 前掲「実子特例法の提唱と嬰児殺の防止」一三八ページ
(47) 前掲「養子制度の改正に関する中間試案の問題点」二三ページ
(48) 米倉明「日本の養子・里親問題――その現状と問題」、養子と里親を考える会編「新しい家族――養子と里親制度の研究」第五号、養子と里親を考える会、一九八四年、三〇ページ
(49) 法制審議会民法部会第二十一回会議(一九八五年十月二十九日)での鈴木禄弥委員(民法学者)の発言(「法制審議会民法部会第二十一回会議議事速記録」二九―三〇ページ)。
(50) 前掲「養子制度の改正に関する中間試案の問題点」二三ページ
(51) 米沢普子「養子縁組サービス――ケースワークの重要性」、養子と里親を考える会編「新しい家族――養子と里親制度の研究」第八号、養子と里親を考える会、一九八六年、三五ページ
(52) 岩崎美枝子「里親開拓運動からみた養子制度――二十年の歴史を振り返って」、養子と里親を考える会編「新しい家族――養子と里親制度の研究」第四号、養子と里親を考える会、一九八四年、七一ページ
(53) 前掲「養子法の改正について」一〇ページ
(54) 同論文一三ページ
(55) 前掲「養子制度の改正に関する中間試案の問題点」二一ページ
(56) 前掲「養子法の改正について」一四ページ

(57) 同論文一一ページ
(58) 前掲「養子二題」一二三ページ
(59) 荻野美穂『ジェンダー化される身体』勁草書房、二〇〇二年、上野千鶴子『差異の政治学』岩波書店、二〇〇二年
(60) 三浦正晴「我が国における養子縁組の実態」「戸籍――戸籍・住民基本台帳実務家の機関誌」一九八三年2月号、テイハンなど

第3章　「家族」のリスクと里親養育
——「普通の家庭」というフィクション

和泉広恵

はじめに

『八日目の蟬』（中央公論新社）という小説をご存じだろうか。角田光代が二〇〇七年に発表した作品である。不倫の末、中絶を余儀なくされた女性・希和子が、相手の男性と配偶者の間に生まれた赤ん坊を誘拐し逃亡する。希和子は献身的に子育てをし、薫と名づけた赤ん坊と深い愛着関係を構築する。しかし、二人の関係は長続きしない。四年後に希和子が逮捕され、薫は恵理菜として、実父母の元に戻される。行方不明だった娘が無事に帰ってきたことは夫婦にとっては喜ばしいことだったが、不倫と誘拐という二重の苦しみを思い起こさせる恵理菜の存在を、実母はどうしても受け入れることができない。実母は、恵理菜の言動に希和子の痕跡を見つけるたびにヒステリックに叱責し、恵理菜は家に帰りたいと泣き続ける。母と娘の間には深い溝が残されたまま、恵理菜は成長し、妊娠を機に希和子との記憶をたどる旅へと出かける。

幼い薫が誘拐の末に実父母と再会するシーンは、読者の心をかき乱す。薫は希和子との別れに泣き叫ぶ一方で、実母に抱きしめられたときには、緊張と不安のあまり失禁してしまうのである。薫にとって実父母との再会は、周囲の期待とは裏腹に、誘拐犯からの解放ではなく、誘拐された直後の子どもの心境そのものである。希和子は、薫には申し分のない母親だった。薫を大切に養育し、多くの喜びを与えた。一方、恵理菜の母親は、幼少期の娘の人生を否定し続ける強圧的な女性だった。実母の態度の背景には、いうまでもなく、希和子の誘拐がある。恵理菜が希和子に愛着を示すことは、倫理的に許されないことである。薫／恵理菜は、皮肉なことに、「本当の」家族の元に戻ることによって、彼女を愛する親（希和子）への愛着を否定され、彼女を否定する親（実母）への愛着を強制される。その結果、薫／恵理菜は帰属意識や自己肯定感を永久に奪われて、感情を押し殺して生きることになった。薫／恵理菜の不幸は、第三者から見れば、希和子の誘拐に端を発している。しかし、薫から見れば、「恵理菜」へと無理に移行させられたときにこそ、その不幸は始まっているのである。

「子どもの最善の利益」。なんと耳触りがいいフレーズだろう。しかし、その内容について思いをはせるとき、「子どもの利益」とはそれほど単純なものではないことに私たちは気づかされる。現代社会では、親には子どもを養育する権利が与えられている。各家庭によって養育環境や育児方法には著しい違いがあることは周知の事実だが、生物学的な親は、ほかの誰よりも優先される立場にあり、養育の質や愛着関係がほかの親子と比較されたり評価されたりすることはない。親には子どもを養育する義務があると考えられているからである。しかし、ひとたび親の養育が子どもの人権侵害をはらんでいると判断されれば、親は虐待やネグレクトの責任を問われ、養育が困難だと見なされる子どもは社会的養護のもとにおかれる。子どもが保護されると、当然のように与えられてきた親の権利は剝奪され、「子どもの最善の利益」を追求するという命題が社会に課せられるのである。

それでは、社会的養護の「子どもの最善の利益」とはなんだろうか。前述したように、薫にとって、希和子との生活は、幸福な子ども時代の象徴だった。一方、実母との生活は、恵理菜にとって人生を否定される苦痛に満ちたものだった。しかし、薫が手に入れていた幸福な子ども時代は、希和子による実母の権利の侵害によって成り立っていて、それが暴露された瞬間に崩れ去ってしまった。

社会的養護の実践では、親と暮らせない子どもに対して、「子どもの最善の利益」をどのように確保していくかが重要な課題とされている。「子どもの最善の利益」は、しばしば愛着関係の構築と養育の質の確保という観点から論じられる。しかし、養育の質や愛着関係の構築は、単純に、ケアする側のスキルアップや特定の大人との親密な関係の構築という問題で論じることはできない。そこには、「親」であることや「家族」であることが、社会のなかでどのように評価され実践されようとするのかといった問題が含まれるのである。本章では、「家族」という観点から、社会的養護の一形態である里親制度の変遷と課題について検討し、「子どもの最善の利益」の追求と「家族」との関係について明らかにしていきたい。

1 里親制度の変遷

社会的養護の変遷

社会的養護とは、「保護者のいない児童、被虐待児など家庭環境上養護を必要とする児童などに対し、公的な責任として、社会的に養護を行う」ことを指す（厚生労働省）。親とは暮らせない子どもは社会で保護され、親子の再統合が可能でない場合には、乳児院・児童養護施設・情緒障害児短期治療施設・児童自立支援施設・自立援助ホームなどに入所するか、里親家庭もしくはファミリーホームで生活することになる。いずれの場所で子どもが生活することになるのかは、子どもと施設・里親などの状況にかんがみて判断される。最終的な決定は、措置権者である都道府県知事・指定都市市長の委任を受けた児童相談所長によっておこなわれる。

里親養育が、児童福祉の制度として公的に整備されたのは、一九四七年の児童福祉法制定時である。児童保護施設ではなく、一般家庭に委託するという実践は、大正時代にはおこなわれていた時期もあるが、昭和初期には衰退する。四五年の敗戦によって、児童福祉法が立案される際、里親養育は、「親族」「寺院」「教会」などと並ぶ私的な養育なのか、「乳児院」「養護施設」などと並ぶ公

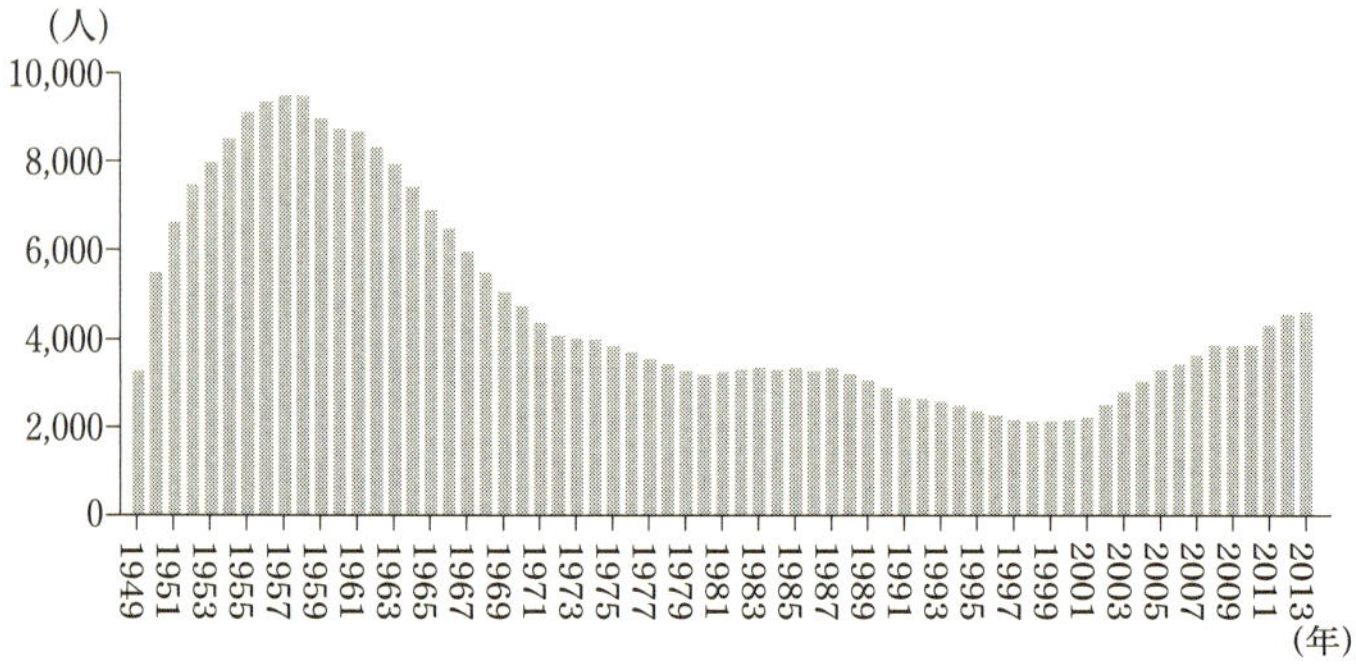

図1　里親への委託児童数の推移
(出典：厚生労働省「福祉行政業務報告」)

的な養育なのか、という点で議論された[1]。その結果、里親家庭は公的な養育の場として、ほかの社会福祉施設と対等な位置づけを与えられることになる。

里親への子どもの委託数は、図1のような変遷をたどっている。敗戦直後には、社会には戦災孤児の保護が求められたが、戦災によって施設が不足していたことなどから、里親家庭への委託が積極的におこなわれた。一九五〇年代後半から六〇年代前半には、里親への児童委託数は高い水準を保っていた。当時の委託のなかには、農山漁村地域での労働力の確保と里親制度が関連していたという指摘もある。一部の地域では、組織的に里親養育を推進していた時代があり、子どもたちは農作業などの労働に従事させられていた[2]。これらの地域では、手が大きい子どもや身体が頑強な子どもが優先的に引き取られることもあったという。しかし、産業構造の変化に伴い、労働力としての子どもの活用は減少する。五〇年代には児童福祉施設に設備費などとして公的資金が投入され、社会福祉法人が児童養護施設などの整備を進めていく。社会福祉法人の事業への予算が拡大し、安定した収容人員の確保が図られるのと比例して、六〇年代後半以降、里親への児童の委託数は減少していく。二〇〇〇年以降、児童委託数は再び上昇を見せる。一一年には東日本大震災による親族養育者への委託の増加という特殊な事情も手伝って、一二年には、里親への委託児童数は数値が最も低下した一九九九年の二倍以上になった。

里親委託の推進

二〇〇〇年以降、今日まで、里親委託の数が上昇しているのには理由がある。厚生労働省が、〇二年に里親の制度改革をおこない、一一年には社会的養護の子どもの里親への委託率を高め、児童養護施設などには里親支援の機能を担わせるという施策を打ち出したからである。これは、社会的養護について重要な政策転換が図られたことを意味している。

前述したように里親制度は、一九四七年の児童福祉法制定の際に制度化され、四八年の厚生省通知に「里親等家庭養育の運営に関して」によって、児童福祉の一つとして明確に位置づけられた。里親制度は、六〇年代半ばまでは積極的に利用されたが、それ以降、長期にわたって制度改革がおこなわれることはなかった。五〇年には児童福祉施設同様に、里親にも最低基準を定めるかどうかが検討されたが、実際に最低基準が定められたのは、五十年以上もあとだった。八七年には、「里親等家庭養育の運営に関して」に代えて「里親等家庭養育運営要綱」が策定された。ここには、里親の認定、委託、指導、研修などが明記されたが、実際には大幅な制度改革はなかった。このように里親制度は、長期間、児童福祉のなかではことさら注目されることなく、大きな改革の動きはなかったといってもいい(3)。

こうした沈黙は、二〇〇二年の里親制度の大幅な改正によって破られる。これ以降、里親制度は一貫して拡充政策がとられることになる。〇二年、厚生労働省から「里親の認定等に関する省令」と「里親が養育を行う最低基準」が公布された。「里親の認定等に関する省令」では、里親の種類が、養育里親・親族里親・短期里親・専門里親に区分された。特に、親族里親と専門里親は新設された里親制度であり、専門里親に関しては、研修によってライセンスを取得することが義務づけられた。「里親が養育を行う最低基準」では、養育の一般原則などとともに、委託する児童の年齢、人数の限度、期限、関係機関との連携、都道府県知事への報告義務などが明記された。〇五年には児童福祉法が一部改正され、里親の定義が示されるとともに、児童福祉施設長に認められていた監護・教育・懲戒に関する権限が、里親にも認められる。〇八年には、児童福祉法がさらに一部改正され、養子縁組を希望する里親が養育里親と区別された。このことによって、里親の種類は、養育里親（一部は専門里親）、養子縁組を希望する里親、親族里親に区分されることになる。

里親制度改革の流れは、里親への委託の拡大へとつながっている。厚生労働省が二〇一一年三月に発表した「里親委託ガイドライン」では、「社会的養護の代替的養護は、家庭的養護が望ましく、里親委託を優先して検討するべきである」と明記され、施設よりも里親への委託を優先すべきだという方針が示された。ここでは、里親委託の優先と同時に、児童養護施設の新たな役割として「施設機能の地域分散化を進め、里親支援やファミリーホーム支援を含めて、地域での社会的養護を支える役割を充実していく体制整備」が挙げられている。里親への子どもの委託率の引き上げについては、このガイドラインが示される前から議論されていた。一〇年に厚生労働省によって示された「子ども・子育てビジョン」では、里親委託率の数値目標は、一四年までに一六%とされた。このような方針のもと、〇二年度末には七・四%だった里親委託率は、一二年度末には一五・六%にまで上昇した。実数で比較すれば、里親への子どもの委託は、〇二年度末には二千五百十七人だったのが、一二年度末には四千五百七十八人に達し、十年間で一・八倍となっている。

厚生労働省は、里親の委託率の上昇を目指すとともに、里親支援についても充実を図っている。二〇〇八年には里親支援機関事業を実施し、一二年に見直された「里親委託ガイドライン」では、里親支援機関に「里親委託等推進員」が、児童養護施設や乳児院には「里親支援専門相談員」が配置されることになった。

里親制度の改革は、児童福祉法の改正に及んだ。二〇一六年五月、児童福祉法改正案が国会を通過した。この改正では、第三条の2に社会的養護の子どもが「できる限り良好な家庭的環境において養育されるよう、必要な措置を講じなければならない」と明記され、家庭養護を推進する国の方針が示された。第十一条第一項第二号へでは、里親に関する普及啓発、施設に入所している子どもとの交流、マッチング、養育計画の作成などが明文化された。このように、里親支援はますます拡充され、施設養護から家庭養護への転換が図られつつある。

2　被支援者としての「里親」の構築

里親制度の拡充の背景には、「里親」の位置づけに大きな変化があったことは見逃せない。以下では、里親制度改革に重要な影響を与えてきた「里親」の立場の変化について検討していく。具体的には、雑誌「新しい家族――養子と里親制度の研究」（養子と里親を考える会編、養子と里親を考える会）を用いて里親と関係機関との関わりについて考察する。「養子と里親を考える会」は、養子縁組と里親制度に関して、学術的な立場から学際的に研究発表と討論の場を提供してきた代表的な研究会だといえる。この会では、厚生労働省や東京都の担当者などの報告と議論の場も設けていて、社会的養護の政策に対して一定の影響を与えてきた。

この会は一九八二年十一月に設立されている。会誌は八二年の第一号以来、今日まで継続して発刊されている。同誌は、年に三回程度開催される「養子と里親を考える会」の報告と討論の記録を中心に構成されている。以下では、これまで関係機関と里親との関係がどのように論じられてきたのかを、各回の報告者と議論の内容に着目して検討したい。

「指導」「育成」の時代――一九八〇年代

一九八〇年代には、児童相談所などと里親との関係は、前者が後者を「指導」「育成」するものだった。具体的には以下のとおりである。

適切な助言をしてくれる熟練したケースワーカーの働きかけがなければなかなかうまくゆくわけがない。(4)

児童福祉司が常に連絡、訪問して里親と里子の関係を作っていくようにしなければいけない。(5)自分の子どもではない子どもとの間に人間関係を作っていこうという努力が適切な指導のもとになされなければ、里親委託はうまくいくものではない。(6)

研修の機会を多くもつことにより、適切な対応力を里親が身につけることが出来る。(7)

里親担当の方は里親さんの申し込みの調査、里親と子どもとのマッチング、委託後の指導にたずさわっています。(8)

このように、ケースワーカーによる「助言」や「指導」によって、里親が「適切な対応力」を身につけていくとされている。厚生省児童福祉専門官の山本保の以下の発言にみられるように、当時は「普通の人」を育成して「立派な里親」にしていくのが行政の役割だと考えられていた。

広くいろいろな方に里親になっていただこうというわけです。「普通の人」と書きましたけれども、もちろん立派な方でありますが、ただ里親になる前に立派であるというよりは、児童を受託する時点の前や後に、立派な里親になっていただくために里親さんを育成する、研修させていただく、という考え方です。このように立派な方を探しだして里親になっていただくというよりは、普通の方に里親になっていただいた上で、研修などによって、児童福祉のために立派な里親になっていただくという考え方に変えたいというわけです。[9]

「不調」と里親制度の限界──一九九〇年代

「指導」という言葉は、一九九〇年以降もしばしば登場する。例えば、九一年と九二年の元児童福祉司の河崎清松へのインタビューでは、ワーカーの指導について触れられている。この発言には、ワーカーが十分に指導的な立場をとれない状況であることや、里親を「指導」し「育成」するというよりも里親と「話し合う」ことなど、「育成」とは異なる立場が示されている。

自信がもてなくなったときに、自信をもたせるような指導を一体どうやってできるのか、指導する側の児童福祉司が自信なしですよ、今は。[10]

僕は、一度失敗したからって、失敗をきちんと話し合って、それがどういう点だったのかっていう指導ができないと里親さんはそこから独りでは立ち上がれないだろうなという気がしますよ。[11]

一九九〇年代に転機になった出来事は、里親の「不調」について取り上げられたことである。里親は、「普通の人」による善意の行為だと理解されてきた。それに対し、九四年の戸田朱美と櫻井奈津子の「養育家庭制度の現状と課題」という報告は、養育家庭制度での「不調」の問題を真正面から取り上げた。戸田・櫻井らは、東京都養育家庭制度二十周年を迎えるにあたり、これまでの委託の実績に関するデータを分析し、養育家庭制度の課題を明らかにしようとしている。特に櫻井は、「委託継続が困難になったケース」について分析し、その結果を報告する。

次に、とくに長期的養育が必要な児童を委託する際の援助について、主に五年以上委託したのち委託の継続が困難になったケースの分析から学んだことをまとめてみました。[12]「児童相談所ができることとできないこと」、逆にいえば「私たちが養育家庭センターとしてできることとできないこと」「この里親ができることとできないこと」というのをもう少し具体的に挙げていく関係を、措置権をもっているからという権威だけでなくて、もつことができれば、その辺りはクリアできるのかなという気はしていますけれども。[13]

櫻井は報告で、それまで用いられてきた「指導」ではなく、「援助」という言葉を用いている。里親を、「指導」「育成」するだけではなく、「援助」するべき対象と見なしているのである。この報告は、里親養育には課題が山積していること、その原因の一端が委託・指導をおこなっている機関の側にあることを明確に指摘した最初の記事である。「不調」について分析するということは、養育家庭すなわち里親家庭の問題点と同時に、委託機関の問題点を明らかにし、その役割を問い直すことを意味する。これらは、里親養育を推進するという政策に対して一石を投じるものである。

実際、櫻井の報告は、里親養育が抱えるリスクや養育家庭センターの業務への振り返りとも受け取れ、関係機関に大きなインパクトを与えた。

櫻井は一九九七年に、再び里親家庭の問題点について報告している。[14] この報告は、「措置変更ケースを通して里親養育への支援を考える」というもので、報告者の養育家庭センターのワーカーとしての経験から、里親支援の重要性についてさらに立ち入って論じたものだった。櫻井は当時、センターワーカーから専門学校教員に転職していた。センターワーカー在職中から「里親養育を援助する方向性が見いだせないだろうか」と感じてきたという櫻井は、委託の継続が困難になったケースを検討することから「援助方法」に焦点を当てていく。櫻井は、措置変更のケースに対して、①マッチング、②子どもの養育上のリスク、③里親の養育力の問題、④委託後の家族の変化、の四点から分析し、委託直後から長期にわたって里親を援助する際に必要な事柄について、詳細に論じている。また、櫻井は、「里親制度の限界」についても指摘し、「補助的な役割としての施設が存在していなければ、やはりそれを援助するという体制」は作れないと述べる。櫻井は、この二度にわたる報告で、里親制度の推進や里親の育成だけではなく、「里親制度」が抱えるリスクを実践経験とデータ分析の成果から指摘し、そのうえで、「里親支援」の重要性を示したといえる。

櫻井は、一九九九年にも岩崎美智子とともに報告している。[15] ここでは、「里親へのバックアップ体制」の重要性を指摘し、複数の組織の支援体制が必要だと述べている。里親養育の問題点について追求してきた櫻井は、里親家庭を支援することに加えて、「指導」をする必要性も強調している。

地域の中に里親の登録から委託後の支援体制までをバックアップする組織を増やしていくこと、そしてそれらが連携を取っていくことが必要だということです。委託後は、定期的に子どもと里親家庭の状況を把握し、必要な指導や支援の体制を整えていくことが必要になります。[16]

この時期、里親自身からも、里親とその家族には支援が必要だという声があがっていた。

里子たちと生活をともにする私達里親にもケアが必要です。里子が問題を起こしたときはどの里親も、悩み苦しみ眠れない日々が続くこともあります。里親も生身の人間ですから、対応にも限界があります。（略）里親に里子と同世代の実子がいて同居する場合は、実子に心理的な影響を与えてしまいます。そこで里親の実子にも手厚いケアが必要です。[17]

一九八〇年代には、里親は「望ましい養育者像」に沿って「指導」を受け、「育成」される存在だった。そのような里親にとって、自らの限界を認めることは、子どもの養育者としては失格だという評価を受け、場合によっては子どもの養育を中断させられる可能性をもつ。九九年に里親自身からこのような主張が公然となされているということは、九〇年代には「里親支援」が里親制度にとって必要不可欠なものだとして広く浸透してきたことを示している。

養育の困難と「里親支援」の強化――二〇〇〇年代

一九九〇年代には、「里親不調」という問題から、里親養育の困難さが指摘された。それらの議論には、里親の養育の技量や資質の問題と里親への支援不足という二つの観点が潜在的には含まれていた。しかし二〇〇〇年代には、養育の技量や資質といった課題が取り上げられることは少なく、むしろ「普通の人」である里親の養育には「限界」があるという議論が中心となり、ワーカーに対する専門性が求められるようになった。こうして「里親支援」の重要性が強調されるようになっていく。

二〇〇〇年には、養育家庭センター併設施設の院長を務める鈴木祐子がワーカーの専門性の保持について指摘し、厚生省専門官の森望は「里親支援」の必要性を訴えている。

マッチングと同時に、里親委託するとワーカーもその一つの渦の中に巻き込まれるんです。そういう自分を客観化していかなければいけない。だから良いスーパーバイザーを自分で得ておかなければいけない。そういうことで非常に専門性が高いと思っています。[18]

一般に、従来からなかなか里親家庭への支援とか、助言・指導といったようなことが必ずしも十分なされていないということが指摘されてきております。[19]

森望の報告には、「助言」と併記して「指導」という言葉が用いられているが、二〇〇二年に児童相談所職員の森和子がおこなった里親のサポートシステムの構築の重要性についての報告では、フロアとの意見交換で「指導」という用語をめぐる質疑がおこなわれている。

（フロアの里親）里親サロンという名前ですが、内容が指導であってサロンという名前がついていることについて、里親さんからクレームはございませんか。

（森）（略）私たちは里親サロンとかサロンと言いまして、指導という言い方では申し上げていません。確かに指導という言い方で言われたら、抵抗をお感じになると思いますが、児童相談所サイドの言い方として、そのような使い方をさせていただきました。実際には話し合いができる場ということで、指導というような固い関係のやり取りをしているわけではございません[20]。

（括弧内は引用者）

一九八〇年代に用いられていた「指導」という用語は、二〇〇〇年代には非難の対象となり、ワーカーと里親は協力関係にあることが強調されるようになった。「里親支援」の強調は、しだいに児童相談所に対する批判へとつながっていく。〇二年、東京都福祉局の飯塚美紀子は、東京都養育家庭センターの廃止に関する報告で、ワーカーは里親に子どもを「預けっぱなし」にしているという批判があることを明らかにしている。

養育家庭の愛情と熱意に依存して預けっぱなしになってはいないか、どういう形の支援ができているか、預け方の問題はどうか、そういうことも含めて養育家庭制度の中身の問題を考えないといけないのではないかということです。(21)

このころ、「里親支援」が不可欠であるという主張を後押しするような事件が発生する。里親委託していた子どもの傷害致死事件である。この事件では、幼児の委託を受けた韓国籍の里母が子どもを暴行のすえ死亡させ、関係者を震撼させた。裁判では里母に懲役四年の実刑判決が下ったが、事件の背景には「里親支援」の不足と委託される子どもの養育の困難さがあると指摘され、養育困難な状況の主要因として、多くの子どもに「愛着障害」があるとされた。「愛着」については、一九九〇年代にすでに庄司順一が「新しい家族」で心理学の立場からその理論を紹介し、里親養育との関わりについて指摘してきたが、(22)「愛着障害」という言葉を脳科学の見地から里親や関係者に広く浸透させたのは東京福祉大学のヘネシー澄子だった。ヘネシーは、事件の数カ月前に「養子と里親を考える会」で「愛着障害」に関する講演をおこなっている。それは、「愛着障害」の説明と治療方法、養育者（特に母親）の子どもへの接し方など、きわめて専門的な内容だった。(23)傷害致死事件は、この講演と同年に発生したことから、「愛着障害」という用語は急速に浸透していった。「愛着障害」に関する研究は、施設養育への批判と里親養育の促進に加え、里親のもとでの養育がなぜ困難を伴うのかについての脳科学的な意味づけと、里親支援の必要性、委託される子どもの治療などの議論に頻繁に用いられ、広く浸透していった。例えば、京都府立大学の津崎哲雄は、傷害致死事件の被害者を「愛着障碍児」とし、「里親支援」の不足を里親への「丸投げ」と批判した。

先進国にはまれなほど名ばかりの里親委託施策のゆえに、まともな里親認定アセスメントも行われなかったという事実を背景にして、里親研修も受けず、愛着障碍児を「丸投げ」委託され、児相からの委託後訪問指導や委託中支援も皆無で、インフォーマルな支援（夫や親族／里親仲間など）をも受けられず、異国の孤独な生活環境において血尿を出すまで苦しみつつ（養子としたい）里子を死に至るまで虐待せざるをえなかった韓国籍里母を懲役四年実刑に処したこの判決は、社会正義の観点からは問題が残るといわざるをえない。筆者の常識では、真に裁かれるべきは、この国の「丸投げ」里親委託制度を放置してきた歴代政治家・厚生官僚であり、民間施設偏重構造に異議を申し立ててこなかった児童福祉関係者ではなかろうか。[24]

これ以降、里親養育の困難さと「里親支援」の必要性はますます強調されていく。例えば、二〇〇四年から〇五年にかけてお茶の水女子大学の湯沢雍彦らが実施した児童相談所を対象としたアンケート調査の結果から、「虐待児への対応」「職員の専門性の不足」「養育計画の有無」「レスパイトケアの活動」など、「里親支援」に関連する問題点が示されている。[25][26] 〇五年には、駿河台大学の吉田恒雄が児童福祉法改正について紹介し、厚生労働省の「社会的養護のあり方に関する専門委員会」での里親拡充策の一環として「里親支援の強化」が提示されていること、「児童虐待防止法改正検討チーム」の「施設による里親支援」「里親のレスパイト」などの要望が含まれていること、法改正に伴う施策として、「里親支援の充実」が掲げられていることなどが指摘された。[27] また、同年には厚生労働省専門官の梶原敦が児童福祉法改正について報告し、「レスパイト」（里親のリフレッシュ休暇）、「里親養育支援事業」（里親への家事支援）、「相互援助事業」（里親サロン）などの新たな制度がスタートしていることなどを紹介している。(28) 〇九年には、厚生労働省課長補佐の宮腰奏子が「里親支援」策として、養育里親の里親手当を引き上げるだけでなく、「里親支援機関」という新たな制度を創設することを報告している。(29) 里親支援機関の設置は、里親への支援が既存の児童相談所では担いきれないことを認めたうえで、これまで児童相談所が担ってきた業務の一部をほかの機関や団体に委託することを意味する。その結果、「里親支援」のあるべき姿について、改めて関係者に問い直すことになった。

これらの流れを受け、「養子と里親を考える会」では、二〇一〇年十一月十三日・十四日の二日間にわたって日本財団助成事業として「これからの里親支援の課題」と題したセミナー・ワークショップを開催している。その成果が第Ⅰ部から第Ⅳ部までに分けて報告されていて、第Ⅰ部では、「里親支援機関事業の実施状況と課題」として、里親支援事業の現状に関する調査結果が報告されている。(30)

3 「家族」からみる里親制度

「被支援者」になる里親

前節では、一九八〇年代以降、里親が「被支援者」として福祉施策に組み込まれていく過程について考察した。里親は、八〇年代後半に「普通の人」という里親像を獲得するが、養育は個人の資質に左右されるものであり、里親は行政の研修などによって育成されるものだと考えられていた。しかし、九〇年代前半に里親が養育困難に陥ったケースに関する調査結果が示されることによって、しだいに「子どもの問題」に焦点が当てられるようになる。里親と児童相談所の関係には、「指導」という言葉が使われなくなり、「相談」から「援助」「支援」へと変化していく。そして、二〇〇〇年以降には、「愛着障害」が子どもの養育の困難さに関連づけて議論され、傷害致死事件が「愛着障害」という用語の使用の拡大を後押しした。この動きは、子ども虐待の社会問題化と連動しながら厚生労働省の「里親支援」政策を推進させている。

「養子と里親を考える会」では、報告の内容とともに、報告者も変化している。一九八〇年代の里親への「指導」などについて論じていたのは、児童相談所や民間機関といった福祉サービスの供給者が中心だった。九〇年代には、民間機関のあるワーカーの指摘をきっかけに「援助」という視点がもたらされ、里親や精神科医などが議論に参加するようになる。二〇〇〇年代には、心理学・法学・社会福祉学などさまざまな分野の研究者が中心となり、児童相談所が抱える問題点や里親養育の困難さが積極的に指摘されるようになる。こうした議論を背景に、厚生労働省による里親支援の拡充政策が加速した。

家族主義の強調

それでは、里親が「被支援者」としての立場を獲得したことは、今日の里親制度にとって、どのような意味をもつのだろうか。里親が「被支援者」になることを支えている論理について検討していこう。

厚生労働省は、二〇一一年に公表した「里親委託ガイドライン」で、里親の優位性について、以下のように説明している。

①特定の大人との愛着関係の下で養育されることにより、自己の存在を受け入れられているという安心感の中で、自己肯定感を育むとともに、人との関係において不可欠な、基本的信頼感を獲得することができる、

②里親家庭において、適切な家庭生活を体験する中で、家族それぞれのライフサイクルにおけるありようを学び、将来、家庭生活を築く上でのモデルとすることが期待できる、

③家庭生活の中で人との適切な関係の取り方を学んだり、身近な地域社会の中で、必要な社会性を養うとともに、豊かな生活経験を通じて生活技術を獲得することができる、

というような効果が期待できることから、社会的養護においては里親委託を優先して検討するべきである。(31)

ガイドラインでは、第一に里親養育の利点として強調されているのは、「特定の大人との愛着関係」である。これは、複数の養育者が入れ替わりケアをおこなっていたり、一人の担当者が大人数の子どもを監督したりする施設ケアに対比される。「愛着関係」が強調される背景には、二〇〇〇年以降に「愛着」に関する議論が拡大したことが挙げられる。里親委託率が先進諸国に比して低いという指摘は以前からなされていたが、〇〇年代後半には特に里親養育の困難さが里親自身から語られるようになり、社会的にも関心を集めることになった。「社会的養護」という言葉が用いられ、子どもの養育の困難さは虐待やネグレクトといった幼少期の生育環境の影響、すなわち「愛着」に関わる問題として理解されるようになったのである。その結果、愛着障害という言葉は、里親たちの間に急速に浸透していった。子どもとの葛藤を抱え続けてきた里親にとって、委託される子どもが幼少期の成育環境に起因する障害を抱えているという解釈は、ある種の救済の役割を果たしたといっても過言ではない。こうして、わずか十数年の間に、社会的養護の子どもの養育の困難さが数多く指摘されるようになり、里親への支援は急増した。

ここで注目すべきなのは、愛着関係の構築が主張されたことではない。愛着関係の構築を強調する際に前提とされているのが、「普通の家庭」という環境だったことである。「特定の大人との愛着関係」を築くことができるのは、「家族」に限らない。小規模な施設や実際の家族以外の環境であっても、愛着関係を形成することはできる。また、「家族」という形態をとっていれば、必ずしも愛着関係が形成されるともかぎらない。しかし、これらの可能性は、「里親委託ガイドライン」では考慮されてはいない。ガイドラインによれば、社会的養護の子どもにとって必要なのは、「適切な家庭生活」を体験することであり、「家庭生活の中で人との適切な関係」を学ぶこと、家庭を取り巻く「地域社会の中で、必要な社会性」を養い「生活技術」を獲得することである。それでは、「適切な家庭生活」とは何か。それは、「家族」だけが提供できる生活である。

家族は、社会の基本的集団であり、家族を基本とした家庭は子どもの成長、福祉及び保護にとって自然な環境である。このため、保護者による養育が不十分又は養育を受けることが望めない社会的養護のすべての子どもの代替的養護は、家庭的養護が望ましく、里親委託を優先して検討することを原則とするべきである。特に、乳幼児は安定した家族関係の中で、愛着関係の基礎を作る時期であり、子どもが安心できる、温かく安定した家庭で養育されることが大切である。(32)

ここでは、「家族」は「社会の基本的集団」であり、「家庭」は子どもの成長にとって「自然な環境」だとされている。すなわち、子どもにとって「家庭」という環境は必要不可欠であり、「家族関係」のなかで育つことは自明のこととされているのである。ここから、里親養育の最大のメリットと考えられているのは、里親家族という「家族」のなかで子どもが育つことだということができる。

ここには、特に「家族」の形態についての具体的な記載はないが、実質的に念頭におかれているのは、近代家族を中心とした家族モデルだろう。例えば、東京都の場合には、里親認定基準として、配偶者がいることが前提とされていて、いない場合には「児童養育の経験があること、又は保健師、看護師、保育士等の資格を有していること」と「起居を共にし、主たる養育者の補助者として子供の養育に関わることができる、二十歳以上の子又は父母等がいること」が条件となっている。さらに、「父母等」の「等」には注釈が付記されていて、「原則として親族を示す。ただし、社会通念上事実上の婚姻関係にある同居者については、その同居状態の安定性、継続性を十分に考慮した上で「等」に含めることは差し支えない[33]」とされている。東京都に限定すれば、法律婚、親族、(社会通念上の)事実婚を里親という文脈での「家族」と限定しているといえる。同様の条件が里親認定基準に含まれているかどうかは地域によって異なるが、実質的には、こうした「家族」観は、全国である程度共通している。シングルや同性同士のカップルなどで里親を希望する者はいるものの、養育里親の大半が夫婦で登録していて、それ以外の里親は少数である。ワークライフバランスという点では、近年、共働きの里親夫婦も増加していて、里母が労働することは以前ほど委託上の障害とは考えられなくなってきた。仕事と家庭についての固定的なジェンダー役割へのイメージは徐々に変化している。しかし、形式としての「近代家族」イメージは、いまだに堅固である。

里親養育は、「特定の大人との愛着」の確保という点で重要な役割を担う。ただし、それは、里親が養育のプロではなく、あくまでも「親」の代替者であり、子どもは「家族」の一員として育つことが保障されるべきだという理念に基づいている。この点は重要である。里親は、さまざまな資格をもつ「養育のプロ」である職員がいる施設よりも優れた養育をおこなうことができる。それは、「養育のプロ」だからではなく、「家庭」のなかの「親」だからである。実際に全国里親会のウェブサイトには、「里親は、どこにでもいる普通のお父さん、お母さんです」と明記されている。

4 「親」の役割と子どもの利益

「普通の家庭」の強調

二〇〇二年以降の里親制度の改革で、里親は「養育のプロ」ではなく「普通のお父さん、お母さん」であり、里親家庭は「普通の家庭」であることが強調されてきた。このことは、里親養育のメリットとされるだけでなく、里親支援の必要性を主張するのに寄与してきたといってもいい。

近代家族モデルに基づいた「親」の代替である里親は、委託された子どもに「安心できる、温かく安定した家庭」を提供するという役割を担う。しかし、里親家庭に委託される子どもの多くは、「安心できる、温かく安定した家庭」から逸脱した家庭環境で育っている。身体的・心理的虐待やネグレクト、親の精神的な問題や夫婦間の暴力といった過酷な環境を生き抜いている。環境が大きく異なる里親家庭で「安心できる、温かい安定した家庭」が「自然」に構築されることは、ほぼ不可能だろう。里親家族と子どもの間には、文化的なコンフリクトが生じることは必至である。「どこにでもいる普通のお父さん、お母さん」が、養育の困難さに直面して求めたのは公的な支援だった。このようにして、二〇〇〇年以降、里親支援が拡充し、里親は「被支援者」というかたちで、福祉施策に組み入れられていった。

子どものケアを考える

里親家庭＝「普通の家庭」＝「被支援者」という構図の定着は、里親支援の拡充を成功させた。一方で、こうした構図は、里親制度に新たな課題をもたらした。以下では、三つの点から、今日の里親制度の課題について指摘したい。

一点目は、里親が「被支援者」になることによって支援者との間に依存関係が生じるという問題である。里親支援の目的は、里親家庭に委託されている子どもにとってよりよい環境が保障されることである。したがって、その成果は子どもの生活する環境の変化から検証する必要がある。子どもの生活環境は、近年、どのように変化しているのだろうか。以下では、子どもにネガティブな影響を与えることが知られている措置変更という事態について検討していきたい。

措置変更の問題は、「月刊里親だより」第五十八号[34]で取り上げられている。それによれば、里親家庭からの措置変更は、二〇〇二年度末には百四十六人（五・八％）だったが、〇七年度末には二百三十八人（六・六％）、一二年度末には三百五十六人（七・八％）と上昇している。しかし、この数字には、里親家庭がファミリーホームに移行する際に一時的に生じる措置変更が含まれている。そのため、こうしたケースが含まれる「その他」を除けば、里親家庭から施設やほかの里親家庭に措置変更された子どもは、一二年度には二百五十人（五・五％）となる[35]。ただし、〇二年度にも「その他」が含まれているため、一二年度同様に「その他」を除いてみると、措置変更数は百三十一人（五・二％）である。

措置変更率を比較すると、十年間で、五・二％（二〇〇二年度）から五・五％（二〇一二年度）に変化している。この変化を上昇と捉えるのか誤差の範囲と捉えるのかは判断が分かれるところだが、減少しているといえないことは確かである。十年の間に里親支援体制は目覚ましく発展した。児童相談所の里親担当職員の増加だけでなく、里親支援機関や児童養護施設に多くの職員が配置され、予算が増加している。社会的な関心の高まりとともに、メディアで取り上げられることも多くなり、里親家庭に対する認知の度合いは格段に高まった。社会的養護の子どもの里親への委託数は増加し、里親家庭で生活する子どもは増えている。こうした変化がある一方で、措置変更数はいっこうに減少していない。この結果を私たちはどのように受け止めればいいのだろうか。

措置変更の割合が低下していない要因の一つと考えられるのは、委託される子どもの養育上の困難さが増したという可能性である。しかし、この解釈は妥当性に欠ける。子ども虐待の問題は十一年前にもすでに議論されていて、十年間で社会的養護の子どもの心身の健康に大きな変化があったことを示すような有力なデータはない。子どもの側に要因があるのではないとすれば、支援者と里親家庭のニーズに対するなんらかの課題があるという可能性がある。

措置変更は、社会的養護の子どもに与えるさまざまなネガティブなインパクトの一つにすぎないが、その割合が減少していないということは、既存の里親への支援が子どもにとって安定的な環境を十分に保障してはいない可能性があることを示している。このことから、既存の里親支援事業の拡充だけでは解決できない課題が、今日、生じてきていることが推測される。もちろん、里親へのサポートが充実していれば、里親の子育てに対する負担は少なくなるだろう。例えば、葛藤を抱える里親にとって、児童相談所のワーカーの訪問は一年に一度よりも一カ月に一度のほうがいい。頻繁な訪問は里親の不安な気持ちを軽減し、児童相談所への信頼感を高める効果がある。さらに不安が高い里親は、月に一度の訪問よりも二十四時間対応してくれる体制を求めるかもしれない。里親研修は、子どもの発達や虐待問題に対する知識を得る貴重な機会である。しかし、限られた日程や内容では、参加が難しい。そのため、研修の機会はできるかぎり多く設けられているほうがいい。養育に関する手当については、学習塾や習い事などの教育費の負担が増大している社会的な状況を踏まえれば、現状では不十分かもしれない。

確かに、こうした要求が通れば、里親の養育への負担は軽減されるかもしれない。しかし、皮肉なことに、必ずしも支援の量が増えることによって里親の満足感や安心感が上昇するわけではない。里親養育には多くの困難が伴う。子どもの養育に正解がないのと同様に、里親への支援にもゴールがない。支援が増大していけば、それに伴って新たな要望が生まれる。里親にとっても支援者にとっても、これだけの支援が与えられれば里親は安心して養育をすることができるという到達点がいっこうに見えてこない。支援が拡充していけばいくほど、支援に対する里親の期待は増大し、求めるサービスは多様化する。さらに重要なのは、里親への支援の拡充に比例して、子どもの環境が向上するとはかぎらないという点である。支援を最大限活用している里親家庭のほうが、あまり支援を活用していない里親家庭よりも措置変更の確率が低いというわけではない。安全で安定した家庭環境が、子どもにポジティブな影響を与えることはまちがいないが、それが里親への支援の多さと直結するかどうかは別の問題である。

一九八〇年代から二〇〇〇年代に向けて、里親は一方的に支援を受ける「被支援者」となり、関係機関との対等な関係性は構築されなかった。こうした関係のなかで、里親支援事業には、今日、一つのジレンマが生じている。里親にとって必要な支援とリミットがどのように設定されるべきかという問題である。里親支援が拡充しているにもかかわらず、里親の満足感は高まっておらず、支援が子どもの安定的な養育環境の確保に必ずしもつながっていないとすれば、こうした依存関係について再検討する必要があるだろう。

二点目は、里親の利益と子どもの利益が混同されているという問題である。里親が「被支援者」になることが正当化されている背景には、里親の利益が子どもの利益になるという前提がある。里親制度は、児童福祉のための制度であり、社会的養護は子どものウェルビーイングが目的だからである。

では、里親の利益は子どもの利益と等しいといえるのだろうか。もちろん、里親への支援が増えれば、里親の子育てへのストレスが減少し、子どもの養育にいい効果があることは容易に推測される。しかし、子どもの利益と里親の利益を過度に同一視することは危険である。かつて、障害者運動の歴史のなかで日本脳性マヒ者協会青い芝の会(36)が社会に鋭く突き付けたのは、まさにこの問題だった。家族は、ケアを必要とする障害者の最も身近な存在であり、そのニーズを「読み込む」ことに慣れているため、家族は障害者にとっては心地いいサービスを提供する可能性が高い。しかし、そのことでかえって両者の間には離れがたい関係が構築され、「自立」を求める「当事者」である障害者の声は封じられる(37)。

親が子どものケアの担い手として「立ち去りがたい」地位にいることは、これまでにさまざまなかたちで指摘されてきた。例えば、障害者の親は自ら責任を引き受けることを規範としていること[38]、たとえ親が障害者の自立と対立することがあるとわかっていても、その役割は捨て去りがたいものであることなどの議論がある。[39] こうした半ば強制的な親と当事者の「抜き差しならぬ関わり合い」[40]は、だからこそ、障害者運動では、批判の対象となり、どのようにして両者のニーズをすくい上げていくのかが論争となってきた。親と子がケアをする―されるという関係にあるからこそ、子どもと親の利益を混同しないことの重要性は、障害者運動のなかで四十年以上前に投げかけられた問いである。この点については、里親支援の文脈でも、改めて問われる必要があるだろう。

三点目は、里親養育の個別性や養育の質についての課題が顕在化しにくいという問題である。藤間公太は、社会的養護に関する施設批判の文脈で、「家庭」がマジックワードとして用いられ、利点だけが強調されることによって、家庭養育の課題が隠蔽されることの問題性について指摘する。[41] 里親養育は社会的養護の子どもの保護という目的があるため、その養育の質や子どもへの影響は深刻な問題である。里親養育は、特に「家庭」を基盤としているため、各家庭による差異が大きいだけではなく、外部からは見えにくい。それだけに、子どもの安全が守られ、良質のケアが保証されているかどうかに社会が注意を払うことが必要である。

しかし、里親家庭が「普通の家庭」であり、里親は「養育のプロ」ではないことが強調されることによって、里親養育のなかで生じる養育上の課題や個別の家庭の問題性は、それ自体が問われることなく、支援不足の結果と解釈される傾向にある。もちろん、養育の質と支援の不足は同一の問題ではなく、個別に議論すべきものである。もし、里親養育が「養育のプロ」がいる施設でおこなわれているケアとは異なる問題点を抱えているならば、そうした問題は里親の支援不足という問題とは別に議論され、改善されなければならない。一九九〇年代に、櫻井奈津子が「養子と里親を考える会」での二度にわたる報告のなかで「不調」という問題を取り上げて主張していたのは、支援体制の不備だけでなく、里親家庭が抱えている養育上の課題であった。「普通の家庭」であることのメリットが過度に強調されることによって、里親養育が抱えるさまざまな問題点や養育の現状が隠蔽されることは、児童福祉という観点からは避けられなければならない。

今日、里親制度は拡充が図られている。そこでは、「普通の家庭」であることの優位性が強調され、養育の際に生じる問題点は、里親への支援不足と結び付けられて議論される。こうした構造が、「家族」のリスクや養育の質の問題など、里親養育が抱える課題を追求することを困難にさせているとすれば、里親養育の拡充は、むしろリスクを高めることにつながるかもしれない。里親養育は、「家族」という関係性を基盤としているが、「家族」が多くのリスクを抱えていることについての議論は枚挙にいとまがない。「家族」は決して「子どもの成長、福祉及び保護にとって自然な環境」ではない。今日、里親制度に求められているのは、「家族」を無条件に肯定する家族主義から脱し、里親養育の課題とその克服について再検討することではないだろうか。

里親養育は、施設養護と比較すれば、家庭養護に位置づけられる。しかし、それは実親家庭と同じであるというわけではない。里親家庭は、社会的養護の子どもを預かるという意味では子育ての外部化である。「普通の家庭」とは、里親養育の困難さを支援に結び付けるために生み出されたフィクションである。里親は、「実親」ではなく、子どもの養育のために家庭を提供している者である。だからこそ、「普通の家庭」というフィクションにとらわれることなく、委託される子どもにとって必要な里親役割を果たしていくことが求められる。

注

(1) 松本園子「社会的養護の方法としての里親制度の検討(一)現行里親制度の発足の状況と問題点」「淑徳短期大学研究紀要」第二十四号、淑徳大学短期大学部、一九八五年

(2) 武井優『他人が子どもを育てるとき――里親と暮らした五十人の今』かもがわ出版、二〇〇〇年

(3) 木村容子「子どもの福祉の視点に立つ里親制度のあり方に関する検討」「京都光華女子大学研究紀要」第四十五号、京都光華女子大学、二〇〇七年

(4) 松本武子「里親制度日米の違い」、養子と里親を考える会編「新しい家族――養子と里親制度の研究」第三号、養子と里親を考える会、一九八三年、一三ページ

(5) 松本武子「日本の里親制度とその問題点――実証研究を通して」、養子と里親を考える会編「新しい家族――養子と里親制度の研究」第四号、養子と里親を考える会、一九八四年、三ページ

(6) 同論文八ページ

(7) 長谷川重夫「わが国の里親制度の問題点と東京都養育家庭制度」、同誌二五ページ

(8) 高月波子「大阪市児童相談所における里親業務」、養子と里親を考える会編「新しい家族――養子と里親制度の研究」第六号、養子と里親を考える会、一九八五年、一六ページ

（9）山本保「「家庭養育運営要綱」の改正について――四十年ぶりの里親制度の改正」、養子と里親を考える会編「新しい家族――養子と里親制度の研究」第十二号、養子と里親を考える会、一九八八年、五一ページ
（10）松本園子／矢満田篤二「インタビュー 元群馬県中央児童相談所一時保護課長、河崎清松さんにきく――群馬県の里親委託と児童相談所」、養子と里親を考える会編「新しい家族――養子と里親制度の研究」第十九号、養子と里親を考える会、一九九一年、四七ページ
（11）松本園子／矢満田篤二「インタビュー 元群馬県中央児童相談所一時保護課長、河崎清松さんにきく――群馬県の里親委託と児童相談所 その2」、養子と里親を考える会編「新しい家族――養子と里親制度の研究」第二十号、養子と里親を考える会、一九九二年、六八ページ
（12）戸田朱美「養育家庭制度の現状と課題――養育家庭制度二十年の実績と児童のニード」、養子と里親を考える会編「新しい家族――養子と里親制度の研究」第二十四号、養子と里親を考える会、一九九四年、一七―一八ページ
（13）同論文二三ページ
（14）櫻井奈津子「養育家庭への児童委託――措置変更ケースを通して里親養育への支援を考える」、養子と里親を考える会編「新しい家族――養子と里親制度の研究」第三十一号、養子と里親を考える会、一九九七年
（15）岩崎美智子／櫻井奈津子「児童相談所における里親委託業務――児童相談所へのアンケート調査の分析」、養子と里親を考える会編「新しい家族――養子と里親制度の研究」第三十五号、養子と里親を考える会、一九九九年
（16）同論文一八ページ

(17) 中嶋吉男「児童福祉制度の問題と課題」、同誌五〇ページ
(18) 鈴木祐子「養育家庭制度の運用について」、養子と里親を考える会編「新しい家族――養子と里親制度の研究」第三十七号、養子と里親を考える会、二〇〇一年、二五ページ
(19) 森望「里親制度と社会的養護のあり方をめぐって」、同誌三八ページ
(20) 森和子「児童相談所の里親委託における援助システムの構築と委託後グループ指導の取組み」、養子と里親を考える会編「新しい家族――養子と里親制度の研究」第四十号、養子と里親を考える会、二〇〇二年、二三ページ
(21) 飯塚美紀子「東京都の養育家庭制度について」、養子と里親を考える会編「新しい家族――養子と里親制度の研究」第四十一号、養子と里親を考える会、二〇〇二年、六四ページ
(22) 庄司順一「親子関係の心理学(一)」、養子と里親を考える会編「新しい家族――養子と里親制度の研究」第二十七号、養子と里親を考える会、一九九五年
(23) ヘネシー澄子「愛着障害」、養子と里親を考える会編「新しい家族――養子と里親制度の研究」第四十二号、養子と里親を考える会、二〇〇四年
(24) 津崎哲雄「イギリスの里親制度について」、養子と里親を考える会編「新しい家族――養子と里親制度の研究」第四十五号、養子と里親を考える会、二〇〇四年、四五ページ
(25) 湯沢雍彦「被虐待児受託里親の支援に関する調査研究」、同誌
(26) 森和子/兼井京子/櫻井奈津子「被虐待児受託里親の支援に関する調査研究 その2」、養子と里親を考える会編「新しい家族――養子と里親制度の研究」第四十六号、養子と里親を考える会、二〇〇五年
(27) 吉田恒雄「児童福祉法改正と里親制度」、同誌

(28) 梶原敦「今回の児童福祉法改正について 行政の立場から――児童虐待防止対策について」、養子と里親を考える会編「新しい家族――養子と里親制度の研究」第四十七号、養子と里親を考える会、二〇〇五年
(29) 宮腰奏子「社会的養護体制の現状と今後の見直しの方向性について」、養子と里親を考える会編「新しい家族――養子と里親制度の研究」第五十二号、養子と里親を考える会、二〇〇九年
(30) 三輪清子「報告一 里親支援事業と里親支援機関事業」、養子と里親を考える会編「新しい家族――養子と里親制度の研究」第五十四号、養子と里親を考える会、二〇一一年
(31) 厚生労働省「里親委託ガイドライン」(雇児発〇三三〇第九号「里親委託ガイドラインについて」別紙)、二〇一一年
(32) 同文書
(33) 東京都福祉保健局「東京都里親認定基準」(http://www.fukushihoken.metro.tokyo.jp/kodomo/satooya/seido/hotfamily/satooya/s_kijun.html)[二〇一六年八月三十日アクセス]
(34)「月刊里親だより」第五十八号、全国里親会、二〇一四年
(35) 同誌
(36) 一九五七年に結成された脳性マヒ者の団体。六〇年代には脳性マヒ者の自活を目指し、「コロニー」を創設。七〇年に神奈川県で二人の障碍児を育てていた母親が、将来を悲観し、下の子を絞殺する事件が発生。母親への同情から起きた減刑嘆願運動に対し、青い芝の会は障碍児であることが減刑の理由とならないと主張し、厳正裁判を要求する。障碍者と障碍者の家族の利益を峻別し、障碍者を「あってはならない存在」と見なすのではなく、障碍者が正当な権利主体として生きられる社会の実現を目指す。

(37) 星加良司「当事者をめぐる揺らぎ――「当事者主権」を再考する」、「特集「当事者」はどこにいる?」、「支援」編集委員編「支援」第二号、生活書院、二〇一二年、二〇ページ

(38) 土屋葉『障害者家族を生きる』勁草書房、二〇〇二年

(39) 中根成寿「「私」は「あなた」にわかってほしい――「調査」と「承認」の間で」、宮内洋/好井裕明編著『〈当事者〉をめぐる社会学――調査での出会いを通して』所収、北大路書房、二〇一〇年

(40) 前掲「当事者をめぐる揺らぎ」二〇ページ

(41) 藤間公太「子育ての脱家族化をめぐる「家庭」ロジックの検討――社会的養護に関する議論を手がかりに」「家族研究年報」第三十八号、家族問題研究学会、二〇一三年

参考資料

養子と里親を考える会編「新しい家族」第一―五十六号、養子と里親を考える会、一九八二―二〇一三年

第4章　「施設養護」での育児規範の「理想形の上昇」——一九六〇年代後半から七〇年代前半を中心に

土屋　敦

1　「新しい児童問題」の形成

　女は赤ん坊の腹を押しそのすぐ下の性器を口に含んだ。いつも吸っているアメリカ製の薄箱入りの煙草より細くて生魚の味がした。泣き出さないかどうか見ていたが、手足を動かす気配すらないので赤ん坊の顔に貼り付けていた薄いビニールを剝がした。段ボール箱の底にタオルを二枚重ねて敷き、赤ん坊をその中に入れてガムテープを巻き、紐で結んだ。表と横に太い字ででたらめの住所と名前を書いた。(1)

これは、一九八〇年に刊行されて大きな話題を呼んだ村上龍の小説『コインロッカー・ベイビーズ』の冒頭部分である。女性が赤ん坊を自力で産んでコインロッカーに置き去りにする直前のシーンが描写されている。物語は、七二年の夏に捨て子となり「コインロッカー」のなかで発見された「キク」と「ハシ」が乳児院（孤児院）に引き取られたあとに、「本当の母親」を探して東京に向かうという展開をとる。七〇年代前半というと、「コインロッカー幼児置き去り事件」に代表される捨て子事件がマスメディアに取り上げられ大きな社会問題となった時期で、[2]村上龍の『コインロッカー・ベイビーズ』はそうした捨て子事件を題材に書かれたこともあり、当時の日本社会で大きな関心をもって読まれ、版を重ねた。

表1は、敗戦直後（一九四五年八月）から一九八〇年までの捨て子をめぐる新聞記事件数を、「朝日新聞記事データベース聞蔵Ⅱ」で「捨て子」と「捨子」をキーワードに集計し、年次別の記事件数の推移をまとめたものである。「捨て子」をめぐる新聞記事報道は、五〇年代初頭にいったん突出して増加してからやや沈静化するが、六〇年代後半から徐々に増加し、七三年に大きなピークを迎える。六〇年代後半から七〇年代前半というのは、駅や路上、児童福祉施設やコインロッカーなどに置き去りにされた「捨て子」たちの存在が大きな社会問題になった時期である。『コインロッカー・ベイビーズ』の主人公である「キク」と「ハシ」がコインロッカーから遺棄された状態で発見されて乳児院に引き取られるのも七二年であり、当時の新聞で「捨て子問題」が大きく取り上げられていたただなかだった、という意味で時代を象徴している。

表1　「捨て子」「捨子」をめぐる新聞記事件数の推移（1945―80年）

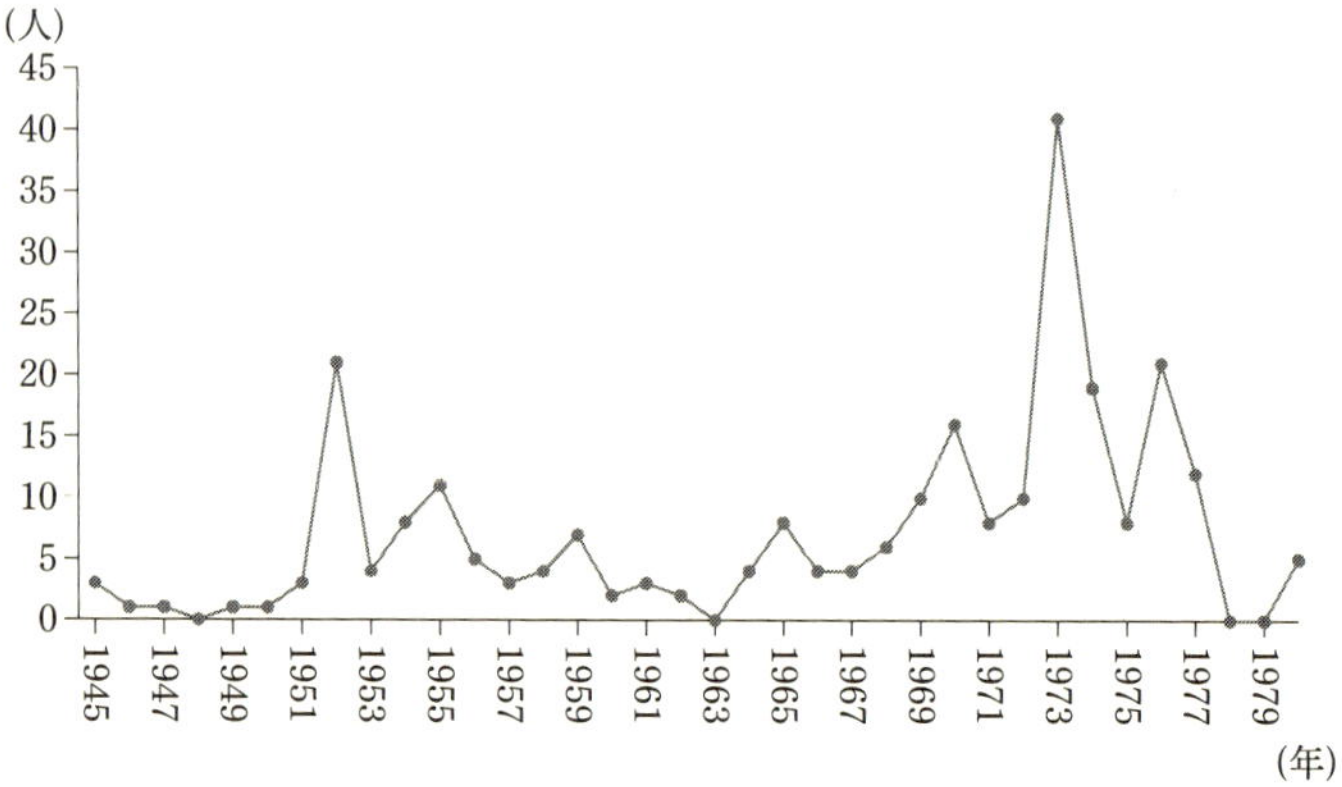

（出典：「朝日新聞記事データベース聞蔵Ⅱ」から筆者作成）

しかし、この時期に「捨て子」の記事が増えたからといって、一九六〇年代後半から七〇年代前半以前の時期に「子捨て」や「親がない子ども」が急激に増加したわけではない。以下で検証していくように、「子を遺棄せざるをえなかった親」や「親がない子ども」の存在は、戦災で親を失った戦災孤児が多く存在し、また多くの人々が極貧下での生活を強いられた敗戦後期や、生活の安定が得がたかった五〇年代初頭の時期のほうが「実数」としては多かった。後述するが、例えば四八年二月に厚生省児童局がおこなった全国孤児一斉調査では、確認されているだけで「親がない子ども」の数は十三万五千人に及ぶ。[3]その意味で、この六〇年代後半から七〇年代初頭という時期は、「実数」として「捨児」や「子殺し」が増えた時期というよりは、そうしたことが大きな「社会問題」として日本社会で大きくクローズアップされた時期として捉えるほうが適切だろう。本章ではこの時期に生じた「捨児」や「子捨て」をめぐる社会問題を「新しい児童問題」

と呼称する。「捨て子」や「子捨て」といった行為を育児に関する社会規範からの逸脱と捉えることで、本書の主題である「実子主義という規範」が新たなステージに突入した時期として、分析してみたい。

では、この時期「捨児」や「子捨て」をめぐる「新しい児童問題」が浮上し、そうした問題群が人々の間に広く認知されていくなかで、日本社会での「実子主義という規範」と、「親がない子ども」や「家庭のなかで育てられない子ども」の養育の場である「施設養護」における育児規範は、どのような変容を遂げたのか、あるいは遂げなかったのだろうか。本章の課題は、戦後から一九七〇年代初頭までの「捨児問題」や「施設養護」の育児規範の変遷を、主に「施設養護」の専門家から発せられた育児規範のあり方に関する発言の変遷を中心に跡付けていくとともに、六〇年代後半から七〇年代初頭の時期に「新しい児童問題」が広く人々に認知されるなかで、「施設養護」における育児規範への理解や認識のあり方がどのようなかたちで変容を遂げたのか、あるいは遂げなかったのか、を問うことを目的とする。

「母性愛」や「実子主義」に基づく近代家族規範が、特殊西洋近代社会の歴史的構築物であることは、これまで多くの家族研究者が明らかにしてきたことである。[4] また、そうした「母性愛規範」が日本社会で顕著に構築されていくのは、戦後高度経済成長期である一九五〇年代後半から六〇年代であり、[5] また特にマスメディアが捨て子（子捨て）を「母性愛の欠如」と糾弾して大きく報道していくのは七〇年代前半、特に七三年という年である。[6]『コインロッカー・ベイビーズ』は、この七〇年代前半に大きな社会問題を形成した「コインロッカー幼児置き去り事件」を題材に描かれた作品であり、この時期の「母性愛の欠如」や「幼少期に母親と分離されて育つ子ども」をめぐる社会意識の一つの「到達点」で生み出された小説だったということができる。

小説で「キク」と「ハシ」がコインロッカーのなかで発見されたのちに育てられた乳児院は、児童養護施設と並んで、虐待を受けた子どもや困窮家庭のなかでの生活を強いられる子どもなど、生みの親のもとでの生活が困難と見なされる、いわば「実子主義という規範」からは「はじき出された子どもたち」が生活する「施設養護」の場である。(7)「施設養護」とは、社会的擁護のもとにある子どもが他人の家庭を拠点として育てられる「家庭養護」とは異なり、子どもの生活の拠点はあくまでも児童養護施設にある。児童養護施設で生活する子どもたちは、起床から就寝までの時間を各施設で決められた生活規則にのっとって養育を受ける。またそこでは、生まれ育った家庭や、血縁関係がある実母・実父から「切り離されて」子どもが養育され、施設養護を受けている間は、親と面会する機会も限定される。その意味で、児童養護施設に拠点をおく子どもの養育は、本書の序章で示した松木洋人「「育児の社会化」を再構想する――実子主義と「ハイブリッドな親子関係」」の図1の第三象限（非実子主義×非家族主義）に位置し、実子主義からも家族主義からも最も隔てられた子どもの養育の場だといえる。またその意味で「施設養護」は育児の「社会化」の側面が最も顕著に表れている場だと、いうこともできる。

また、従来の「子育ての社会化論」が保育所の拡充などを中心とした「子育て支援」プログラムのかたちで一九九〇年代初頭以降の少子化対策のなかで拡充されてきたものであるのに対して、この児童養護施設は児童福祉法（一九四七年十二月公布、翌年三月全面施行）で法的根拠づけがなされ、かつては養護施設という名称で呼ばれ、家庭での養育が困難な子どもたちの養育役割を担ってきたという歴史をもつ。(8) またさらにさかのぼれば、児童養護施設は、戦前は「孤児院」と呼ばれ、明治後期から大正期にかけて成立した慈善事業や社会事業の営みのなかで設立された児童保護事業に起源を有する。(9) その意味で、児童養護施設でおこなわれる子どもの養育は、近代以降の日本社会の「社会化された育児」のなかでも最も古い歴史をもつ育児のあり方の一つである。

以下では、「実子主義という規範」と、児童養護施設に代表される「施設養護」での育児規範の歴史的変遷を、主に敗戦直後から一九七〇年代初頭までの時期に絞って、その大まかな素描をおこなう。第2節では児童養護施設の戦後の変遷を概観し、第3節では戦後期に「施設養護」で育った子どもたちの出自について分析し、第4節では五〇年代後半の「実子家族」に対する児童福祉行政の関心の希薄さについて論じる。第5節では、特に五〇年代初頭に盛んになった児童養護施設で養育される子どもをめぐる「ホスピタリズム（施設病）」問題の構築過程を論じたうえで、第6節では、六〇年代後半から七〇年代初頭にかけて「捨て子問題」や「子捨て問題」などの「新しい児童問題」が広く人々のなかで認知されていくなかで生じた、「実子主義という規範」と「施設養護」における育児規範の「地殻変動」について論じる。最後に第7節では、「育児の社会化」がもつ家族主義と実子主義という軸に沿いながら「施設養護」での育児規範の変遷を論じる。

表2　児童養護施設数と定員数の推移（1945―2014年）

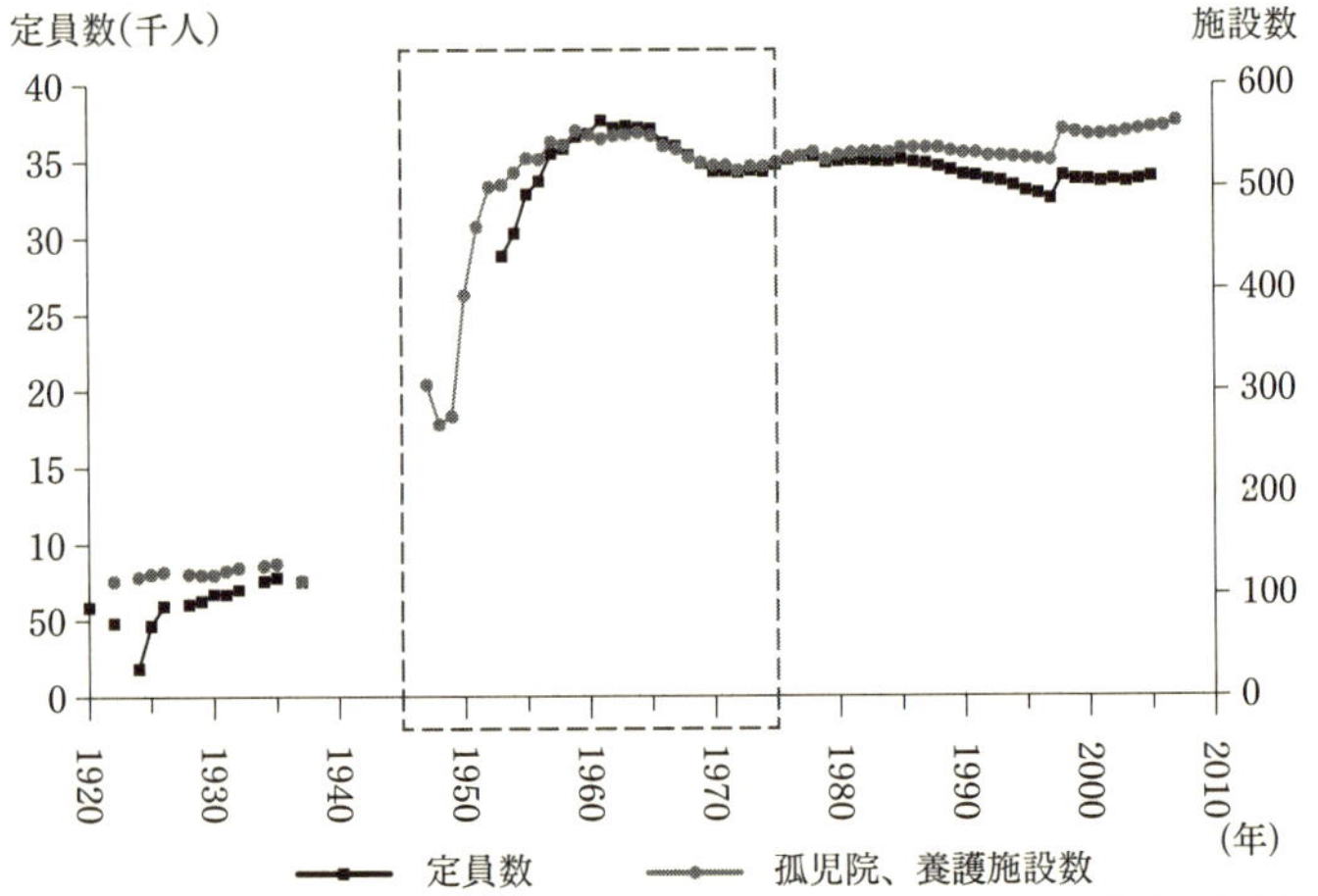

（出典：大原社会問題研究所編著『日本社会事業年鑑』〔大原社会問題研究所、1922―1938年〕と厚生労働省大臣官房統計情報部編『社会福祉施設等調査報告』〔厚生労働統計協会、1949―2014年〕から筆者作成）

2　戦後における乳児院と児童養護施設の増加

近代日本社会のなかで施設養護がどう変遷してきたかを大づかみに把握するには、施設数とそこで育った児童数をみるのが最もわかりやすい。表2と表3は、大原社会問題研究所が戦前期の児童保護事業に関する統計をとり始めた一九二二年（大正十一年）から二〇一四年までの児童養護施設（戦前の孤児院）と乳児院の設置数と定員数の推移をまとめたものである。

戦前期には、岡山孤児院（一八八七年設立）や神戸孤児院（一八九〇年設立）、そして大阪博愛社（一八九〇年設立）や上毛孤児院（一八九二年設立）など、児童養護施設の前身

表3　乳児院施設数と定員数の推移（1945—2014年）

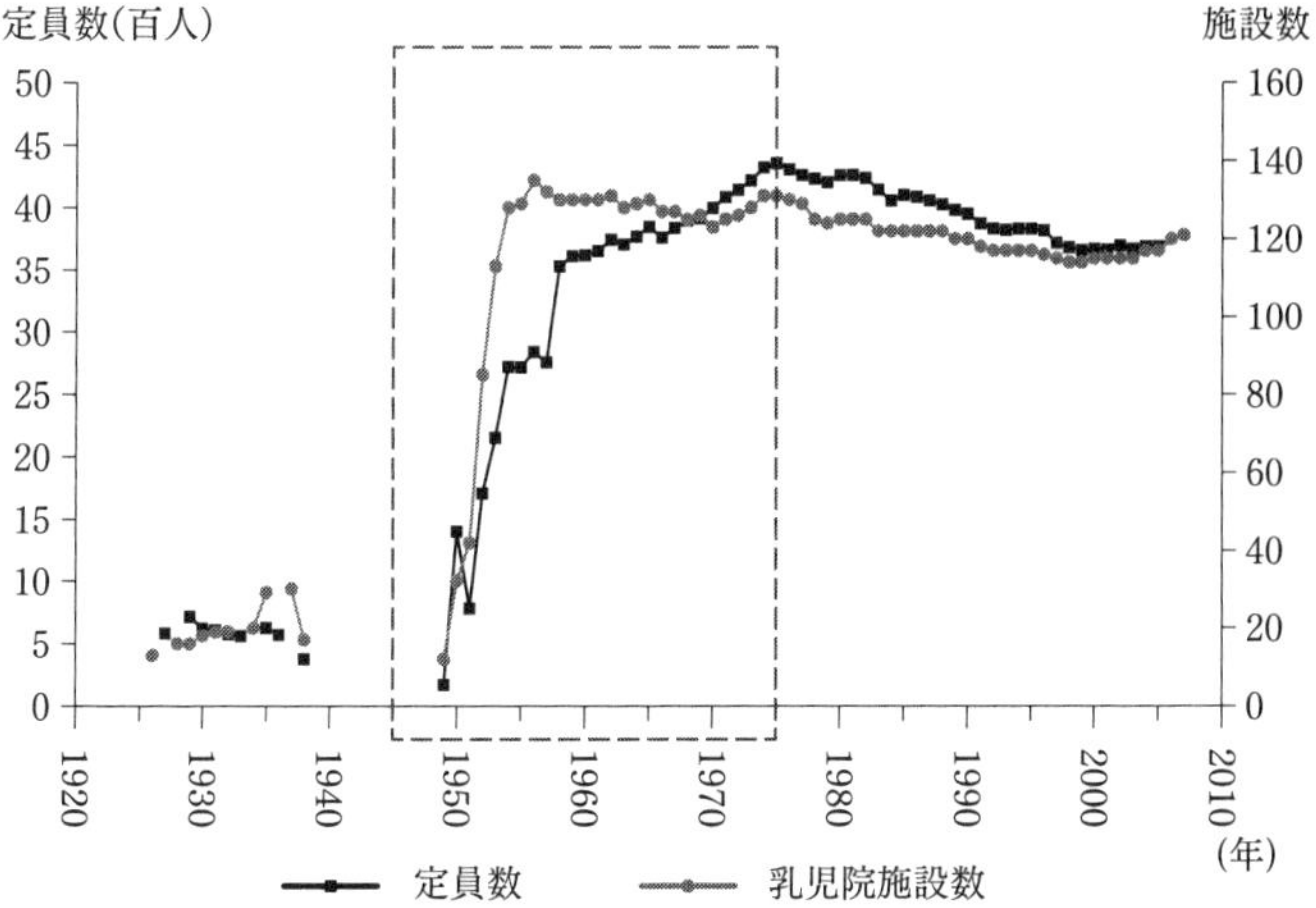

（出典：前掲『日本社会事業年鑑』と前掲『社会福祉施設等調査報告』から筆者作成）

にあたる孤児院や乳児院といった施設が慈善事業や社会事業の一環として設立されていく[10]が、表からも顕著に見て取れるように、子どもの施設養護が劇的に増加するのは戦後期である。戦前期には、一九四二年に百十七施設（入所児童九千七百人余り）だった児童養護施設数は、戦時下の空襲による焼失、疎開閉園などによって敗戦直後には八十六施設（入所児童五千六百人）にまで減少した。その後児童養護施設の数は、敗戦を経て五〇年代半ばに至る過程で、五百施設を超えるまでに劇的に増加する。

また、児童養護施設数が、五百施設強、定員数が三万五千人前後で、その後現在に至るまでほぼ「維持」されていることも重要な点である。

3 「施設養護」の子どもたちの出自

では、敗戦直後の時期に、子どもの「施設養護」が劇的に増加したのはなぜだったのか。背景には、戦争末期の空襲被害や敗戦直後の極度な食糧難のなかで、戦災で親を亡くした戦災孤児や、駅頭や地下道などで靴磨きやシケモク拾い（タバコの吸い殻を拾い集めて売る）などをしながら生き延びていた浮浪児たちの居場所の確保が、児童福祉行政にとっての喫緊の課題だったことがある。[11]

図1の写真には、終戦から約一年を経た一九四六年九月に福岡県北九州市の小倉駅の駅頭の路上で寝ている浮浪児たちの姿が映し出されている。四五年初旬に相次いだ主要都市へのアメリカ軍の空襲によって、多くの子どもたちが親を失うか、親とはぐれて戦災孤児や浮浪児としての生活を送った。この写真のような浮浪児たちの姿は、東京の上野駅や神戸の三ノ宮駅、名古屋駅や博多駅など、主要な大都市の駅頭では日常的にみられた光景だった。またこうした浮浪児たちのなかには、戦災で親を失ったという事情のほかにも、戦後の生活苦のなかで親に捨てられたり親元での過酷な生活から逃げてきた子どもたちも多く含まれていた。[12] なかでも上野駅は、敗戦直後の時期には最も多くの浮浪児たちが集まる場として有名だった。その理由としては、上野駅が全国をつなぐ鉄道網の主要な乗換駅であり、大陸からの帰還兵や引き揚げ者たちが携帯していた食糧を浮浪児たちに分け与えることが多かったことなどが挙げられる。こうした戦災孤児や浮浪児たちは、四八年二月に

厚生省児童局が実施した全国孤児一斉調査で把握しただけでも十三万五千人余りにのぼる。[13] ただし、この数字は当時この調査に携わった全国の民生委員・児童委員によって実際に所在の確認がとれた子どもの数だけなので、実際の数はこれよりはるかに多かっただろうことは想像にかたくない。

こうした膨大な数の戦災孤児や浮浪児たちを救済しようと、自宅の一部や焼け跡に残ったバラックの改築、空き工場や兵舎の活用によって、いわば草の根的に開設された子どもの保護施設が、当時は多数存在した。そうした慈善家たちの努力によって、敗戦直後には八十六施設にまで減少していた児童養護施設は、約一年間で二倍の百七十一施設に増加した。生活保護法など戦後の福祉立法の骨格が徐々に形成されていくなかで、一九四七年十二月には児童福祉法が公布され、前記の草の根的な施設は「養護施設」という名称を与えられ、公的な児童福祉施設として認可されていく。先に述べた戦後の児童養護施設の急増は、児童福祉法の施行によって劇的に整備が進んだというよりもむしろ、慈善家たちが担っていた孤児救済のための施設に対して、児童福祉法が後追い的に公的な認可をおこなっていったというほうが、より実態に近い。

図1　小倉駅前でゴロ寝する浮浪児
（出典：朝日新聞社『戦争と庶民④——進駐軍と浮浪児1940—49』朝日新聞社、1995年、127ページ）

表4　「親がない子ども」の離別年と性別

離別年	男児	女児	合計
敗戦後初期（1945-48年）	333人	122人	455人
	73.2%	26.8%	100.0%
敗戦後中期（1949-52年）	275人	134人	409人
	67.2%	32.8%	100.0%
敗戦後後期（1953-56年）	174人	99人	273人
	63.7%	36.3%	100.0%
合計	782人	355人	1,137人
	68.8%	31.2%	100.0%

（出典：「親探し運動」記事〔「朝日新聞」1956年2月―58年10月〕から筆者作成）

　また、敗戦後期に「親がない子ども」として乳児院や児童養護施設で暮らした子どもたちのなかには、敗戦後の生活難のなかで親に遺棄され「捨児」になった子どもたちが多数存在した。「捨児」となって乳児院や児童養護施設で生活を送った子どもたちの「出自」を知る数少ない手がかりの一つに、「朝日新聞」紙上で展開した「親探し運動」がある。これは一九五六年二月から五八年十月まで朝日新聞厚生文化事業団主催でおこなわれたもので、当時兵庫県知事の職にあった阪本勝氏の発案で始まった。全国の乳児院や児童養護施設などで生活する「親がない子ども」たち千三百四十人分のプロフィールを、本人の顔写真や施設で保護されるまでの経緯、身体的特徴などを新聞紙上に公開して、身寄りがないか、情報を募ったのである。

　表4は、一九五〇年代半ばから後半の時期に児童福祉施設で生活を送っていた「親がない子ども」たちのうち、「朝日新聞」紙上で紹介された千三百四十人のなかでも、親との離別年が判明している千百三十七人の性別と離別時期を戦後から四年刻みでまとめたものである。

　一見して顕著なのは、女児と比較した際の男児の「親がない子ども」の多さである。戦後の生活苦のなかで遺棄される子どもは、男児のほうが女児よりも多数を占めていた。裏返せば、そこには女児は男児に比べれば親元から手放しにくかっただろう親の心情が垣間見られる。また、親との離別の時期は戦後初期が最も多い（四百五十五人）ものの、敗戦から四年後の戦後中期（一九四九―五二年）の離別も四百九人、八年以上たった戦後後期（一九五三―五六年）でも二百七十三人にのぼる。もちろん、この数字はあくまで五〇年代後半まで生き延びて施設にいた子どものなかでも、親や親類がいる可能性がある子どもに限られ、かつ「この子たちの親を探そう」という目的で新聞紙上に掲載された子どもたちだけなので、捨て子や親と生き離れた子どもたちのなかには施設に保護される前に命を失った者が多数いただろうことは想像にかたくない。

また表5は、やはり「親探し運動」のなかで公開されたプロフィールに、捨て子がなされた場所に関する記載がある四百四十二人について遺棄された場所をまとめたものである。まず顕著なのは、駅に捨てられた子どもが相当数を占めていることである。その内訳は大阪駅五十人、上野駅十八人、京都駅八人、小倉駅六人、名古屋駅六人と、多くの人が集まる大都市

表5 「捨児」が遺棄された場所

		人数	「捨児」に占める割合（%）
公共の場	駅で保護	208	47.06
	映画館・劇場	20	4.52
	百貨店・マーケット	10	2.26
	公園	13	2.94
	旅館	14	3.17
	道端・路上	8	1.81
	他人宅前	7	1.58
	橋の上・ガード下	5	1.13
	銭湯	3	0.68
	その他の場所	26	5.88
施設	神社・寺院・教会	23	5.20
	母子寮・厚生施設	21	4.75
	産院・産科病院	12	2.71
	学校	3	0.68
	その他の公共機関	1	0.23
	詳細不明	68	15.38
合計		442	100.00

（出典：「親探し運動」記事〔「朝日新聞」1956年2月―58年10月〕から筆者作成）

の中心駅に子捨てがなされることが多かったことがわかる。人目につきやすい大都市の中心駅に多かったという事実からは、子どもが誰かに発見されることを願ってあえて人目につきやすい場所に遺棄した親の心情が見え隠れする。また、神社の境内や教会などに子どもを遺棄する親が多かったことも目を引く。神社の神主や教会関係の人々にあわよくば子どもの今後を委ねたいとする親の心情が垣間見られる。

4 「実子家族」への児童福祉の関心の薄さ

こうした経緯からも見て取れるように、戦後日本の乳児院や児童養護施設の増加は、主に「実子」からなる家族関係から「はじき出された子どもたち」に養育の場を提供する目的をもって設立され運営されていた。そのため、実親がいて生活の場がある「実子家族」のなかで生活する子どもたちに対しては、乳児院や児童養護施設は大きな関心を払っていなかったといえる。このことは、現在の乳児院や児童養護施設が、親からの身体的・精神的虐待、ネグレクトや性的虐待など、劣悪な家庭環境のなかで生活する子どもたちを「実子家族」から「切り離して保護する機関」として機能していることとは対照的である。戦後十五年から二十年当時の児童福祉行政の力点は、戦災孤児や浮浪児などの要保護児童や特殊児童の「施設保護」や「里親の斡旋」におかれていて、「実子家族」のなかで生活する、いわゆる「家庭のなかの子ども」の福祉には関心がなく、そもそもそうした発想自体が希薄だった。
このことを示す格好のエピソードがある。敗戦から約十三年を経過した一九五八年十一月二十三日から二十七日の五日間、東京の産経会館で、国際児童福祉連合（International Union for Child Welfare：ＩＵＣＷ）のド・ヨング会長代理以下、欧米・アジアなど海外三十一カ国からの代表の参加を得て国際児童福祉研究会議が開催された。会議の議題は「家庭における児童」だったが、当時会議主催の責任者であり、厚生省局長でＩＵＣＷの副会長でもあった高田浩運は、国際会議の打診を受けた際の印象を以下のように語っている。

会議の議題について最初、先方の提示した案は「家庭における児童」ずばりであった。これには、率直にいって当時われわれはいささか奇異と当惑を感じた。わが国においては、施設の問題がやはり一つの大きな問題であったからである。そこで当初われわれは、これに多少の異議をとなえたが、それに対する先方の考えははっきりしている。たしかに欧州においても、過去にそういう時代があった。しかしいまやその時代はすぎ去ったのである。(14)

この高田の発言は、戦後十三、四年を経た一九五〇年代後半にあっても、児童福祉行政の関心の中心が子どもの「施設養護」にあったことを物語るものであり、この時期までの児童福祉が「正直なところ特殊児童の保護に追われ、児童福祉施設の増加と内容の向上(15)」に終始していたのが実情だったことがうかがわれる。半面、その後の日本の児童福祉行政の展開をみるならば、五八年十一月におこなわれたこの国際会議は、その後六〇年代初頭以降「家庭のなかの子ども」の福祉に徐々に軸足を移していく日本の児童福祉行政を先取りしていたということもできる。(16)

もちろん、戦後十年から十五年を経たこの時期に児童養護施設で生活していた子どもたちのすべてが「親がない子ども」だったわけではない。敗戦直後に施設で多数を占めた「親がない子どもたち」の数は漸次減少し、一九五二年三月末現在の調査によれば、両親がともにいない子どもが三六・六%であるのに対して、片親を含む親がある子どもは五六・三%と、その割合はこの時期すでに逆転している。(17)その後、施設のなかで生活する「親がない子ども」の割合は、六一年の調査で一二・七%、七〇年の調査では六・四%と減少していく。(18)施設に入所する「親のいる子ども」の多くは、「貧困問題」に起因する養育困難な家庭の子どもたちだったが、他方で先の高田の発言にもみられるように、児童福祉の関心がいわゆる標準的な「家庭のある子ども」へ向かうことはまれだった。

その意味で、敗戦後から一九五〇年代後半ないし六〇年代前半までの子どもの「施設養護問題」は、「実子家族」のなかで実親によって養育される「家庭における子ども」をめぐる問題とは、いわば切り離されて存在していた。本章の主題である、「実子主義という規範」と「施設養護」の境界面での「子ども」の育児規範が正面から問題になることは少なかった。

では、その後、高度経済成長期以降、敗戦後の厳しい貧困状態が徐々に緩和されていくなかで、またかつて多数存在した戦災孤児に代表される「親がない子ども」が少なくなっていくなかにあって、乳児院と児童養護施設の入所児童数と定員数とが現在まで大きな増減なく維持されたのはなぜだったのか。また、その背景には、施設に「保護されるべき子ども」をめぐるどのような問題機制の枠組みの変容があったのか。

こうした問いかけに対する検証は主に第6節でおこなうが、その前に第5節では、戦後の児童養護施設の拡充と養育内容の充実が模索されるなかで、一九五〇年代初頭に提起された「ホスピタリズム（施設病）」問題について概観しておきたい。この「ホスピタリズム」は、幼少期の子どもが実親、特に「幼少期に母親と分離されて育つこと」が原因で生じるとされた症状や子どもの人格形成上の発達障害をめぐって指摘された問題だった。これに関する議論は、その後「三歳までは母の手で」という標語を生み出し、実母による幼少期の養育の必要性を説く「愛着行動論」[19]へと結実していく発達心理学上の系譜につながっていくが、まずは五〇年代初頭に開始された「施設養護問題」としての「ホスピタリズム論」の形成過程をみていきたい。

5 「ホスピタリズム（施設病）」問題の形成

児童養護施設で生活する子どもの養育のあり方をめぐる「ホスピタリズム論争」は、当時東京都立石神井学園の園長職にあり、戦後の児童養護で大きな役割を担った堀文次が、一九五〇年に雑誌「社会事業」（全国社会福祉協議会）の三月号と五月号に投稿した「養護理論確立への試み」と題する二本の論文に端を発する。この五〇年という年は児童養護施設が劇的に増加していく時期に重なっていて、それまで施設から脱走することが多かった浮浪児や孤児たちが、曲がりなりにも施設のなかに定着しつつあった時期にあたる。

当時、社会事業所長の職にあり、一九五二年以降は厚生科学研究費による「ホスピタリズム」研究の責任者を務めた谷川貞夫によれば、この「ホスピタリズム」とは「(児童)養護施設その他、収容施設に収容されている児童が一般の正常な家庭で育成される児童に比して、その発育の状態は、身体的にも精神的にも、基本的に何らかの差異を示す[20]」ことだという。ちなみにこの「ホスピタリズム」の考え方は、その後フェミニズムから「女性を家庭に縛り付ける育児規範」と批判[21]されるようになる。

総力戦として、一般市民を巻き込んで戦われた第二次世界大戦は、疎開児童や空爆による戦災孤児など、世界各地で「幼少期に母親と分離されて養育される子どもたち」を無数に生み出した。精神分析の創始者であるジグムント・フロイトの娘であり、児童精神分析学の権威だったアンナ・フロイトが疎開先のロンドン・ハムステッドの児童施設でおこなった調査研究[22]や、「愛着行動論」の創始者であるジョン・ボウルビーによって国連の委託を受けてなされた調査研究[23]などに代表されるように、第二次世界大戦は、発達心理学者や児童精神分析学者にとって、「幼少期に母親と分離されて養育される子どもたち」という格好の「研究対象」を提供することになった。そのなかで大きな注目を浴びたのが、施設で実親、特に実母から切り離されて生活する子どもたちにみられる「ホスピタリズム(施設病)」という発達上の人格形成障害や発育障害の症状だった。また、一九五〇年代初頭に堀文次や谷川貞夫らによって提起された日本の児童養護施設での「ホスピタリズム」を

表6 「ホスピタリズム」の特徴

1、施設の子供には創造性がない。
2、彼等には自主性がない。
3、施設の子供はものを大切にしない。
4、彼等には自己中心的なものが多い。
5、施設の子供には社会性がない。
6、彼等には劣等感（インフェリオリティ・コンプレックス）があり過ぎる。
7、施設の子供には感謝の念がない。
8、彼等には忍耐力がない。
9、施設の子供は意思表示が下手だ。
10、施設の子供は「ずんぐりむつくり」型が多い。

（出典：谷川貞夫「ホスピタリスムスの研究１」「社会事業」第36巻第10号、全国社会福祉協議会、1953年、６ページ）

めぐる議論も、こうした世界的潮流のなかで展開されたものだった。

谷川は、日本の児童養護施設や乳児院などの施設で、実親から切り離されて養育される子どもに、一般の「実子家族」のなかで養育される子どもにはみられない発達上の障害として、表6のような特徴を挙げている。

「子どもは血縁家族、特に実母を中心に育てられるべきだ」とする「実子主義という規範」は歴史普遍的な規範ではなく、近代社会になって形成された「歴史的構築物」であることは、近代家族論以降の家族史や家族社会学が明らかにしてきたきわめて重要な知見である。この「ホスピタリズム」は、いわばこうした「近代家族規範」を正常な家族規範の「準拠枠」として、そこからの「隔たり」を根拠に「発達上の障害」を指摘したものだった、ということができる。

一九五〇年代初頭から半ばになされた「ホスピタリズム」をめぐる議論のなかからは、「最良の施設よりも最悪の家庭を」「最良の施設よりも最悪の実母を」といった標語が生み出されるとともに、施設内での子どもの養育環境を「家庭的な場所」に近づける努力がなされた。児童養護施設に代表される子どもの施設養護は、近代日本の「社会化された育児」のなかでも最も古い歴史をもつが、それは児童養護施設での育児規範が「実子主義としての規範」に代表される近代家族規範から自由だったことを意味しない。むしろ、それは「実子家族」から最も隔てられた場所でなされる育児の営みだったからこそ、研究上の「比較対照群」として措定され「ホスピタリズム」という名の発達上の「障害」という「負のラベル」を貼られることになった。

その後、母子関係をめぐる発達心理学上の研究の系譜は、「家庭の外側」で生活する「親がない子ども」を対象とするものから、「家庭の内側」で養育を受けているものの、親の離婚や母子関係の形成不全といった、いわゆる「機能不全家族」を対象とするものへとシフトしていく[24]。また、そうした研究の流れは、前述の「愛着行動論」に結実していくとともに、日本の高度経済成長期に該当する一九六〇年代初頭には「三歳までは母の手で」という標語を生み出し、現在では「母性愛神話」と呼称され批判されることが多い育児規範として、社会のなかで広く受容されていくことになる[25]。

他方で、児童養護施設をめぐる育児論は、一九五〇年代の「ホスピタリズム論争」を経たあと六〇年代半ば以降には、積惟勝らによって提唱された「集団主義養護論」が主流になっていくが、基底に流れる「施設養育」に起因する「子どもの病理」自体は、現在に至るまでかたちを変えながら議論され続けている。

6　一九六〇年代後半から七〇年代前半の「新しい児童問題」の興隆

本章の主題である「実子主義という規範」と「施設養護」の境界面での「子ども」の育児規範の変遷／変容をめぐる問題について論じよう。ここまで、第2節では近代日本の施設養護が戦後期に劇的なかたちで盛んになったこと、また当初そこで養育を受けていた子どもの多くは戦災孤児や浮浪児など「親がない子ども」だったこと、また、戦後十年から十五年当時の児童福祉の関心事はもっぱら「親がない子ども」や家庭での養育が困難な子どもなどの「特殊児童」の施設保護に向けられていて、「実子家族」のなかで生活する一般児童の養育には多くの関心が払われてこなかったことを述べた。また、第5節では、一九五〇年代に「実子家族」から切り離されて児童養護施設のなかで生活する子どもたちに対して「ホスピタリズム」という「発達上の障害」があると指摘されるようになり、そうした「子どもの病理」が「実子主義という規範」からの「逸脱」を示す「負のラベル」として機能した軌跡をみてきた。

本節では、主に一九六〇年代後半から七〇年代前半に人々の間で広く認知を獲得していった「新しい児童問題」が大きな社会問題を形成していくなかで生じた、「実子主義という規範」と「施設養護」の境界面での「子ども」の育児規範の変遷／変容をめぐる問題をみていく。この時期は、児童養護施設は一定の役割を終えたと主張する「施設養護の削減論」と、こうした施設の必要性はますます増加しているとする「施設養護の必要論」とがぶつかりあうようになった最初の時期に該当している。この「施設養護の削減論」と「施設養護の必要論」は、その後「実子家族」ではあっても、「問題がある家庭」のなかでの劣悪な生活を強いられる子どもの「施設保護」をめぐって、この六〇年代後半以降約二十五年にわたって継続的に議論されていくことになる。両者の対立が解消されるのは、「児童虐待」という言葉が人口に膾炙し、貧困家庭だけでなく一般家庭でも「児童虐待」が生じうるという認識が確立していく九〇年代以降を待たなければならない。この「児童虐待問題」の発見以降、劣悪な環境のなかでの生活を強いられる子どもの「施設保護」を含む社会的養護の必要性が、「子どもの人権」という言葉を前面に打ち出して強く主張されるようになるとともに、「実子主義としての規範」と「施設養護」の境界面での子どもの育児規範をめぐる問題は、顕著に変容していく。本節で概観するのは、その前史ともいうべき時期に生じた、「実子主義という規範」と「施設養護」の境界面での育児規範をめぐる対立関係の「端緒」を跡付けていく作業になる。

この一九六〇年代後半から七〇年代前半という時期は、敗戦後の戦災孤児や浮浪児たちが施設から退所し、施設内の「親がない子ども」が大幅に減少している現状を受けて、児童福祉行政が、児童養護施設の規模縮小や廃止、またほかの知的障害児童などの養育施設への転換を計画し、「施設養護の削減論」が支配的だった時期に該当している。児童養護施設の規模縮小は、施設の定員充足率を基準に、定員数と入所児童数との間の「開差是正措置」が求められた。また、児童養護施設の他施設への転換措置については、実際に「施設転換指示」がなされた。(26)

こうした動きは、一九六四年二月十九日と二十日に厚生省内でおこなわれた全国児童課長会議の場で、児童養護施設に対する開差是正措置と他施設への転換指示がなされたことに端を発する。(27)その後、六六年九月には行政管理庁から「社会福祉事業の運営に関する行政監察の結果について」とする勧告がなされるとともに、六七年四月十四日には厚生省児童家庭局企画課長からの通達として「児童福祉施設における定員と在籍人員との開差の著しい施設に対する是正措置について」が、また翌六八年四月三日には厚生省児童家庭局長からの通達として「児童福祉施設の定員と現員との開差是正について」が発布された。こうした児童福祉行政の側からの「施設養護の削減論」は、七二年四月三日に児童家庭局企画課長からの通達として「児童収容施設の定員と現員との開差の是正措置の円滑なる実施について」がなされるなど、その後も引き続き提起されていくことになる。(28)

しかし同時に、この時期は、行政の「施設養護縮小論」に対抗するかたちで、「施設養護必要論」が声高に叫ばれてもいた。田間泰子は「母性愛」の社会的構築過程を批判的に捉え直す作業として、この時期に報じられた「子捨て」や「子殺し」に関する新聞記事を詳細に分析している。田間は、「子捨て」や「子殺し」に関する新聞記事は六〇年代後半から暫時増加し、七三年には膨大な数の記事が産出されたこと、また「加害者としての母親のみを糾弾(29)」する傾向が強くみられたことを指摘している。この時期に登場した「施設養護必要論」は、こうした「子捨て」や「子殺し」に関する新聞記事を引用しながらなされることが多かった。

第3節でみてきたように、敗戦直後の児童養護施設のなかには、戦災で親を亡くした戦災孤児のほかにも、極度な貧困などの理由から親に捨てられた子どもや、駅など人目につきやすい場所に置き去りにされた子どもなどが無数に収容されていた。その意味で、児童養護施設の側から見れば、「子捨て」自体は、新聞報道が劇的に増加していった一九六〇年代後半から七〇年代初頭の時期よりも、敗戦直後の時期のほうがよほど切実な問題だったはずである。そこには、「子捨て」や「子殺し」が社会のなかでごくまれにしか生じなくなると「事件」としてメディアを通して大きく報道されることになる、という「社会問題のパラドックス」が生じていた。

表7は、「子捨て」や「子殺し」に関する当時の新聞記事の見出しの一部を紹介したものである。戦後十年前後の時期も、「捨てられた子ども」に関する記事が掲載されることはあったが、例えば子どもに添えられた母親の手紙が紹介されるなど、捨てた親に同情的な記事が多くみられた。それに対し、一九六〇年代後半から七〇年代初頭にかけては、子どもを捨てた実親、特に実母を糾弾する記事が大幅に増加した。また、冒頭で引用した八〇年に発表された村上龍の小説『コインロッカー・ベイビーズ』は、当時一世を風靡することになった。その意味で、この時期は、「子捨て」や「子殺し」などが、「捨て子」を生じさせた家庭や実母を糾弾するかたちで多くの社会問題が生み出された時期だった。

「施設養護縮小論」が児童福祉行政のなかで声高に叫ばれたこの時期、児童養護施設の運営に尽力してきた全国養護施設協議会は「施設養護必要論」を主張し続けたが、その際に「引用」されたのが、こうした「子捨て」や「子殺し」に関する記事だった。一例を挙げよう。全国社会福祉協議会養護施設協議会の機関紙「全養協通信」の一九七二年五月号に掲載された記事に以下のような記述がある。「施設の空所が目立ってきているからこのような措置を取らざるを得ないと当局はいうが、

表7　1960年代後半から70年代初頭にかけて出された記事の見出し

・「電話ボックスに捨て子」（「朝日新聞」1965年1月28日付）
・「“就職のじゃまだった”／捨子の両親見つかる」（「朝日新聞」1965年5月14日付）
・「車の幼児、暑さで死ぬ／窓を締切りプールへ」（「朝日新聞」1969年8月5日付）
・「早過ぎた結婚ごっこ／「面倒だ！」と捨子」（「朝日新聞」1969年12月8日付）
・「「ちょっと預かって」と赤ちゃん置去り　都内で2件」（「朝日新聞」1969年12月18日付）
・「置き去りにされる子供たち／母の家出・捨子・虐待」（「朝日新聞」1970年2月10日付）
・「トラックに赤ちゃん捨てる　新小岩」（「朝日新聞」1970年10月1日付）
・「また母が二児を殺す／町田　ノイローゼ、首しめる」（「朝日新聞」1972年12月11日付）
・「トラックの荷台に　未熟児の捨て子　北小岩」（「朝日新聞」1973年8月11日付夕刊）
・「植え込みに捨て子　池袋のアパート」（「朝日新聞」1973年8月16日付夕刊）
・「菊田医師「よわった」「だれかにあげて」と　未婚の母が捨て子　石巻」（「朝日新聞」1973年10月1日付）
・「少女、捨て子の命守る　生後2日　まる裸　凍死寸前、徹夜の介抱」（「朝日新聞」1973年12月26日付）
・「材木置場に赤ん坊捨てる　紙おむつをまくらに」（「朝日新聞」1974年1月6日付）
・「幼い姉妹を置き去り　母親施設の前で姿消す　松戸→大田区」（「朝日新聞」1974年3月29日付）
・「コインロッカーに　生きた赤ちゃん　幸運、ドア半開き　利用客が発見、保護　大阪駅」（「朝日新聞」1974年4月29日付）
・「東京タワーに捨て子　生まれて間もない女児」（「朝日新聞」1974年9月3日付）

（出典：「朝日新聞記事データベース聞蔵Ⅱ」から筆者作成）

はたして施設に入所すべき児童（母子）は地域社会に放置されていないのであろうか[30]」。こう児童福祉行政に対する異議を述べたのちに、「激増する要保護児童」という小見出しを付けて以下のように主張を展開している。

> 児童福祉法二十周年を迎えた今日、要保護児童の問題は増々増大している。それは急激に都市化している社会構造の中で家庭崩壊と児童福祉の阻害がはげしく起っていることによる。毎日のテレビ、新聞で報ぜられる児童の虐待事件、乳幼児の遺棄、青少年非行の増大、母子心中事件などは社会の耳目にふれる氷山の一角にすぎない。ところが、これら要保護児童、母子世帯が利用する乳児院、養護施設、教護院、母子寮の空所が問題になるのはまことに皮肉な現象である。[31]
>
> （傍点は引用者）

このように「施設養護必要論」者は、この時期「毎日のテレビ、新聞で報ぜられる児童の虐待事件、乳幼児の遺棄、青少年非行の増大、母子心中事件など」が「氷山の一角にすぎない」ことを強調し、「急激に都市化している社会構造の中」での「家庭崩壊と児童福祉の阻害」が、「要保護児童」増加の原因だとして、施設の必要性を主張した。

さらに、この機関誌では、「問題は地域社会の要保護児童、母子世帯を調査し、適切な施設の利用、入所をはかるべき児童福祉の第一線機関である児童相談所あるいは、福祉事務所の弱体にあるのではなかろうか[32]」と指摘し、テレビや新聞などで子どもの虐待や乳幼児の遺棄などの報道が繰り返されているにもかかわらず、乳児院や児童養護施設に空所が目立つのは、地域の児童相談所などの「児童福祉の第一線機関」が、施設保護を必要とする「要保護児童」の実態を把握できていないからではないかと、問題視している。そして、児童相談所という「第一線機関の手不足が厖大な要保護児童を眼前におきながら、施設への入所、施設の利用を行うチャンスを与えることができないでいる[33]」ことを大きな問題として挙げている。こうした「施設必要論」は、施設関係者のなかだけで主張されていたわけではない。例えば一九六八年十二月から七七年まで毎年「子どもの人権を守るために」と題する公開討論会や人権集会が、全国養護施設協議会の主催、NHK厚生文化事業団や朝日新聞厚生文化事業団の共催で開かれ大きな反響を呼んだことなど、この問題を社会のなかで広く認知させることを目的とする活動が多数おこなわれた。子どもの虐待や乳幼児の遺棄などがテレビや新聞などで取り上げられることで、「新しい児童問題」が構築された。そうした社会問題をいわば「資源」としながら、児童養護施設の「施設必要論」は唱えられた。そこでは、親を亡くした子どもや、貧困や離婚が原因で家庭での養育が不可能になり児童養護施設への入所の申し入れがあった子どもに加えて、虐待や遺棄、または母子心中の可能性がある家庭の監視が、児童相談所などの児童福祉の第一線機関によっておこなわれるべきであり、必要であれば、たとえ親からの申し出がなくても「子どもの保護」を、積極的に介入しながらおこなうべきだ、とする論理が組み立てられていった。

この時期に生じた児童養護施設の役割の変化は、一九五〇年代初頭になされた「ホスピタリズム論」と対照してみると、隔世の感がある。「ホスピタリズム論」の形成過程では、「最良の施設よりも最悪の家庭を」「最良の乳児院よりも最悪の母を」という標語が掲げられ、「施設養護」に関するいわば自己否定的な議論が、理想の育児規範をめぐって児童養護の専門家の間で展開していた。またそこでの問題関心はもっぱら「親がない子ども」「幼少期に母親と分離されて育つ子ども」の養育のあり方に向けられていて、「実子家族」で養育される子どもの養護に対する関心は希薄だった。他方で、六〇年代後半から七〇年代前半にかけて構築された「新しい児童問題」のなかでは、「実子家族」のなかで養育されていても、虐待や遺棄、母子心中などにあう恐れがある子どもに関心が向けられるという変化が生じた。またこの「新しい児童問題」を受けて展開された「施設養護必要論」は、こうした家庭の状況を児童福祉の第一線機関である児童相談所がきちんと把握し、そうした事件が生じる前に子どもを保護するべきだとする「予防の論理」が組み立てられた。その意味で、六〇年代後半から七〇年代初頭にかけて、「施設必要論」で展開された「児童養護施設役割」の論理は、五〇年代になされたホスピタリズム論での「最良の施設よりも最悪の家庭を」とする標語の論理を反転させて、「実子家族」であっても子どもを保護する必要が生じる場合には、児童養護施設が「避難場所」として位置づけられるという点を前面に押し出しながら形成されていく。

7 「育児の社会化」の四象限のなかの「施設養護」の現在的展開

以上、敗戦直後から一九七〇年代前半までの「施設養護」をめぐる育児規範の変遷を、「新しい児童問題」の興隆との交錯関係のなかでみてきた。

戦後、急増した戦災孤児や捨て子を保護するために一挙に拡大した施設養護は、一九五〇年代には「ホスピタリズム」問題という観点から、子どもには施設よりも母親が必要だとして、否定的に捉えられた。六〇年代後半から七〇年代前半には、孤児の減少から「施設縮小論」が唱えられるが、同時期にマスメディアが幼児遺棄という「新しい児童問題」を盛んに取り上げると、「実子家庭」であるとはいえ劣悪な家庭環境にある子どもなら、児童養護施設は親の要請がなくても子どもたちを積極的に救済すべきだとして、「施設必要論」が主張されるようになる。

その後、日本社会のなかでは一九九〇年代に至って「児童虐待」という言葉が社会的に広く認知されていくとともに、[34]二〇〇〇年には児童虐待防止法が制定され、その過程で、前記の「施設縮小論」と「施設必要論」との間の対立関係は解消されていく。また、一二年には民法の「親権制限制度」「未成年後見制度」が改正されるとともに、虐待が疑われる児童を、「親権」という強固な養育規範を一時停止してでも実親から引き離して保護することが法的な裏付けを得るに至った。

前記の「施設養護」に関する育児規範の歴史的変遷を「実子主義」と「家族主義」との交錯関係に照らして考察するならば、「新しい児童問題」が興隆した一九六〇年代後半から七〇年代前半以降の日本社会での「施設養護」をめぐる育児規範は、「実子主義」や「家族主義」からは距離をおきながら、子どもが（劣悪な環境にある）「実子家族」から引きはがされていく「遠心力」が、強くはたらき始めた時代として特徴づけることができるかもしれない。「最良の施設よりも最悪の家庭を」「最良の施設よりも最悪の母を」という標語がかつての「施設養護」の専門家から強く主張されたことを考えると、現在の「実子主義という規範」と「施設養護」の境界面での育児規範は、隔世の感があるほどにその論理が反転しているようにも見える。

他方で、本書の第3章でも論じているように、「児童虐待」という言葉が社会的に広く認知を獲得していくなかで、「愛着行動論」に代表される幼少期の母子関係の重要性を説く学説や理念が再び強く唱えられるようになっていることは、多くの論者が指摘している点である[35]。

現在の「実子主義という規範」と「施設養護」の境界面での育児規範を、実子主義と家族主義という本書の軸に照らし合わせた際に見えてくるのは、以下のような事態ではないか。つまり、かつて「ホスピタリズム」論などで主張されたのは、子どもの健全な成長には「実態としての実親」の下で（実子主義）、すなわち「家庭」のなかで育てられることが必要だ（家族主義）という規範だった。しかし一九六〇年代後半から七〇年代前半以降現在社会まで続く「新しい児童問題」という問題機制の枠組みのなかでは、子どもは「実態としての実親」に育てられ「実態としての家庭」のなかで養育されるだけでは健全な成長が約束されるわけではないという論理が組み立てられる。言い換えれば、子どもの健全な育成は「理想的な育児規範を遵守する実親」「理想的な育児規範を遵守する家庭」によって養育されなければ達成されないという、育児規範の「理想形の上昇」の結果として捉えるほうが事態を正確に表しているように思われる。日本社会での「育児の社会化」をめぐる実子主義と家族主義という育児規範は、本章で扱った時代の「新しい児童問題」形成のなかで新しい位相に移行した。子どもは、もはやただ「実親」に育てられ、ただ「家庭」のなかで生活するだけでは健全には育たない。現在の社会は、「実親であること」「家庭を形成すること」の「理想形の上昇」が起きたあとの規範に基づいて形成されている。その問題機制の枠組みから「逸脱」した子どもたちは「施設養護」という「避難場所」で生活を送るのが望ましいという新たな育児規範が支配する時代に、われわれは身をおいているということができる。

注

(1) 村上龍『コインロッカー・ベイビーズ』上(講談社文庫)、講談社、二〇〇九年、七ページ
(2) 田間泰子『母性愛という制度——子殺しと中絶のポリティクス』勁草書房、二〇〇一年
(3) 厚生省児童局『全国孤児一斉調査』厚生省児童局、一九四八年
(4) 落合恵美子『近代家族とフェミニズム』勁草書房、一九八九年、ほか
(5) 大日向雅美『母性の研究——その形成と変容の過程 伝統的母性観への反証』川島書店、一九八八年、ほか
(6) 前掲『母性愛という制度』
(7) 土屋敦『はじき出された子どもたち——社会的養護児童と「家庭」概念の歴史社会学』勁草書房、二〇一四年、ほか
(8) 村上貴美子『占領期の福祉政策』勁草書房、一九八七年、ほか
(9) 細井勇『石井十次と岡山孤児院——近代日本と慈善事業』(Minerva 社会福祉叢書)、ミネルヴァ書房、二〇〇九年、ほか
(10) 同書、ほか

（11）前掲『占領期の福祉政策』ほか
（12）大宮録郎『浮浪児の保護と指導』中和書院、一九四八年、ほか
（13）前掲『全国孤児一斉調査』
（14）高田浩運編『家庭における児童――東京国際児童福祉研究会議の報告』日本児童問題調査会、一九五九年、六ページ
（15）同書六ページ
（16）黒木利克『日本の児童福祉』良書普及会、一九六四年
（17）全国社会福祉協議会養護施設協議会「養護施設三十年」編集委員会編『養護施設三十年』全社協養護施設協議会、一九七六年
（18）同書
（19）J・ボウルビィ『新版 母子関係の理論1 愛着行動』黒田実郎ほか訳、岩崎学術出版社、一九九一年
（20）谷川貞夫「ホスピタリスムスの研究1」「社会事業」一九五三年十月号、全国社会福祉協議会、六ページ
（21）前掲『母性の研究』ほか
（22）アンナ・フロイト『家庭なき幼児たち――ハムステッド保育所報告 1939―1945』上・下（「アンナ・フロイト著作集」第三・四巻）、中沢たえ子訳、岩崎学術出版社、一九八二年
（23）John Bowlby, *Child Care and the Growth of Love*, Penguin Books, 1953. (version of WHO publication Maternal Care and Mental Health published for sale to the general public)
（24）前掲『はじき出された子どもたち』

(25) 前掲『母性の研究』ほか
(26) 全社協養護施設研究協議会「全養協通信」一九七二年五月号、全社協養護施設協議会、一九七二年
(27) 同誌
(28) 同誌
(29) 前掲『母性愛という制度』四八ページ
(30) 前掲「全養協通信」一九七二年五月号、一九ページ
(31) 同誌一九―二〇ページ
(32) 同誌二〇ページ
(33) 同誌二〇ページ
(34) 上野加代子『児童虐待の社会学』世界思想社、一九九六年
(35) 深瀬泰旦『小児科学の史的変遷』思文閣出版、二〇一〇年、ほか

終章　〈ハイブリッド〉性からみる「ハイブリッドな親子」のゆくえ
――融合・反転・競合

野辺陽子

自分の子であろうと他人の子であろうと、血がつながっていようといまいと格段の違いはない。そう思い定めて、大人が子育てにかかわっていく時、新しい未来が拓けてくるのではあるまいか。(1)

はじめに

いま、親子関係はどのように変化しているのか。

本書を編むことになった動機は、何よりもまず近年の親子をめぐる議論に物足りなさを感じていたからである。

夫婦と子どもから構成される核家族の親子関係や子育てが、「絶対的なものではない」と相対化されて久しい。実親子だけが親子ではない、また、(生)母による排他的な子育てには限界がある。そのため、いままでとは異なる「新しい」親子関係・子育てのあり方が模索されている。そのなかで出てきたのが「血縁を超える」「家族を超える」という「スローガン」である。新聞や書籍にはそれらのスローガンがあふれている。[2] 血縁や家族は保守的なものの象徴であり、それらを「超える」ことは、いまや道徳的にも正しく、われわれの社会が目指すべき目標であるかのようだ。そして、非血縁親子の承認や育児の社会化の推進が「血縁を超える」「家族を超える」親子・子育ての未来像として描かれる。

このような社会の動きの背景には、当事者たちの切実な声がある。近代家族の規範は「夫婦が実子を愛情をもって排他的に育てるべき」というものだが、それにあてはまらない親子・子育ての当事者は、規範とは異なる多様な親子関係・子育てのあり方を社会に承認してほしいと主張している。例えば、第三者が関わる生殖補助医療による親子、養子縁組、里親、ステップファミリー(子連れ再婚家族)、LGBT(親がレズビアン、ゲイ、バイセクシャル、トランスジェンダー)の親子など、子どもが父親・母親(の双方あるいは片方)と血縁関係がない親子の当事者が「われわれも親子として認めてほしい」と主張している。

また、専従で子育てを担当してきた母親たちは、育児ストレスや、仕事と子育ての両立という課題から、(母)親を唯一の養育者とするのではなく、家族を外部に開き、保育士、保育ママなど複数の養育者を認めてほしいという「育児の社会化」を以前から主張し続けている。

　従来の規範からはずれた親子関係や子育てについて報じる新聞・雑誌の記事やルポルタージュは、先進的な事例を紹介したり、当事者が社会の偏見や制度的な困難にぶつかりながらも、親子の絆を育もうと努力する姿を描く。しかし、非血縁親子を形成したり、子育てを外部化することが、血縁や家族を「超えた」ことになるのだろうか。たとえ家族形態は近代家族規範から逸脱した家族形態だったとしても、それが望んでおこなった選択ではなく、さまざまな制約によって「しかたなく」形成した家族形態であれば、意識のレベルでは必ずしも逸脱していないことも考えられる。では、どうであれば血縁や家族を「超えた」ことになるのか。

　学問の世界では、非血縁親子の承認や育児の社会化の進展は「近代家族の解体／近代家族の再生産」という二分法の枠組みで論じられることが多い。具体的には、近代家族の親子観から逸脱する親子・家族のなかで生きる当事者にインタビュー調査をおこない、当事者がどれだけ近代家族規範から距離をとり、あるいは近代家族規範に従って実践をおこなっているのかという研究を積み重ねてきた(3)。

　しかし、この議論の仕方の問題点は、第一に、近代家族の定義が論者によって異なるため、ある親子が近代家族なのか／否かについて複数の解釈があり、議論が迷走することである。例えば、養子縁組を例に取ると、親子の間に血縁関係がないため、近代家族ではないと評価される(4)場合もあれば、血縁がなくとも、親子間の愛情を重視しているため、近代家族だという(5)評価もあり、正反対の評価がおこなわれることがある。とすれば、「近代家族の解体／近代家族の再生産」のどちらなのかという評価も、正反対になるだろう。

また、近代家族規範はさまざまな構成要素の集合であるため、解体か再生産かという二分法的な判断を下すことは、実は非常に困難である。近代家族が解体したといっても近代家族の構成要素のすべてが消失したわけではない場合、また近代家族が再生産されているといっても近代家族の構成要素のすべてが残っているわけでもない場合は、解体／再生産のどちらかに明確に分けることは困難であり、また、分けようとすることで、見落としてしまう側面もある(6)。

問題点の第二は、親子の構成要素間の新しい結び付きが見えてこない点である。「近代家族の再生産／近代家族の解体」という問い方は、近代家族化に着目して家族変動を問う議論としては適切だろうが、新しい秩序や意味の誕生をつかもうとすると議論が行き詰まるように思える。構成要素の集合であるパッケージ化された概念である近代家族規範を、われわれが解きたい問いに合わせて脱パッケージ化し、各構成要素に着目することで、近代家族規範というカテゴリーではうまく分析できない現代の親子に特有の解釈の政治や新しい意味の創出について主題化することができるのではないだろうか。

本書は「血縁を超える／超えない」「家族を超える／超えない」「近代家族を超える／超えない」などの従来の二分法によって見えなくなっている論点を捉えたい、それらを可視化するため、〈ハイブリッド〉という視角を導入する。ここでの〈ハイブリッド〉とは、「はじめに」で定義した「出産・子育てに生みの親以外の担い手が関与する」という形態に着目した定義とは異なり、「親子・子育てに関する新種の混合、相矛盾する価値観が存在していること」という性質に着目した定義を意味する。この視角によって、従来の近代家族の解体か再生産かという二分法からいったん離れて事例をみてみたい。(7)(8)

本書の最終章である本章では、現在の変化を捉えるために、従来の二分法からいったん離れて、〈ハイブリッド〉という視角から、各章の執筆者による事例(代理出産、養子縁組、里親養育、施設養護)と関連する研究の蓄積を横断的に参照し、従来の議論の仕方では見えてこなかった論点として、①融合、②反転、③競合の三点について述べてみたい。

1 融合――「親子」の要素の分節/接合と解釈の政治

〈ハイブリッド〉という視角から見いだした共通の論点の第一は、親子の要素の分節/接合である。従来、生みの親/育ての親/法律上の親は一致していることが暗黙の前提であり、それが正当な親子観だった。(法律上の)親に、生むことと育てることのどちらかが欠ける場合は例外か逸脱的な親子関係だと見なされていた。

ここでは、親子を構成していた要素が分解していること、また、その要素のどの部分を何に(再)接続するかについて現在、諸アクター間で解釈の政治がおこなわれていることを指摘しよう。

生殖と養育の分離

従来、親とは子どもを生み育てる者（たち）だと考えられてきた。しかし、生むことと育てることを常に同じ者がおこなっているとはかぎらない。生んでも育てない者（代理母、子どもを児童養護施設に入所させるケースなど）、育てていても生んでいない者（養子縁組や里親養育のケースなど）が存在している。生むことと育てることは分離可能だし、実際、そのような親（「生んでいない親」「育てていない親」）はいままでに存在していた。

しかし、生むことと育てることを強力に接続する規範[9]があり、この規範のもとでは、親だと社会から承認されるためには生むことと育てることの両方をおこなわなければならなかった。そこで、この規範から逸脱していると見なされる「生んでいない親」「育てていない親」は生むことと育てることの結び付きの相対化を求めてきた。例えば、「（生んでいなくても）育てていれば親である」と、親であることから生むことの相対化を求めたり、「育てていなくても（生んでいれば？）親である[10]」と、親であることから育てることの相対化を求めたりしてきた。

前者は主に非血縁親子のケースで主張される。例えば、第三者が関わる生殖補助医療による親子、養子縁組、里親、ステップファミリーなどの非血縁親子（ただし、カップルの片方と子どもとの間に血縁関係があるケースもある）では、例えば「親子の結びつきが「血縁」ではなく、「愛情」にこそある[11]」というように、子どもを生んでいなくとも、育てることを通じて築かれる子どもとの信頼関係を親であるうえで重要なものだと主張する。[12]

後者は主に育児の社会化のケースで主張される。育児は外部化しても、親であることは外部化しない（放棄しない）という実践の必要性が主張され[13]、特に障害児の育児などでは、代替者がいない状態での育児・ケアが、家族間の適切な距離感を狂わせることが指摘され、適度な距離[14]を保つため、育児・ケア役割をあえて手放すことで、子どもとの新しい関係性を創出することが必要だと主張されている。[15]

このように、「生んでいない親」「育てていない親」の双方から、生むことと育てることの分離や、親であることの条件から生むこと、あるいは育てることの削除を求める主張があった。しかし、現在の生むことと育てることの分離は、新たな接続や意味の創出を伴っているようにも見える。

例えば、非血縁親子では、親として一度は相対化し、排除した生みの親を（法律上あるいは日常の交流レベルで）再び子どもと接続する傾向が共通して現れている。[16] 具体例としては子どもの出自と「アイデンティティ」の接続が挙げられる（第2章の野辺陽子「特別養子制度の立法過程からみる親子観――「実親子」と「血縁」をめぐるポリティクス」を参照）。

非血縁親子、具体的には第三者が関わる生殖補助医療で生まれた子ども、養子、里子、離婚家庭で育つ子どもに共通して、出自を知る権利が強固に主張され、生みの親、ドナー、別居親の情報へのアクセスを保障することで子どもの「アイデンティティ」が確立されるという主張がなされる。

しかし、このような動きは同時に、育ての親では代替不可能なものの社会的な価値を構築している面もあるだろう。非血縁親子の事例で、生みの親の存在が尊重され、子どもと（再）接続される理由は、ひとえに生みの親が子どもの出生に関与したからである。養育は生みの親以外の者でも代替可能だと見なされるが、子どもの出生への関与は生みの親以外の者では代替不可能だと見なされる。生みの親とのつながりは子どもの権利や家族・親子の開放性と接続しながら、育ての親では代

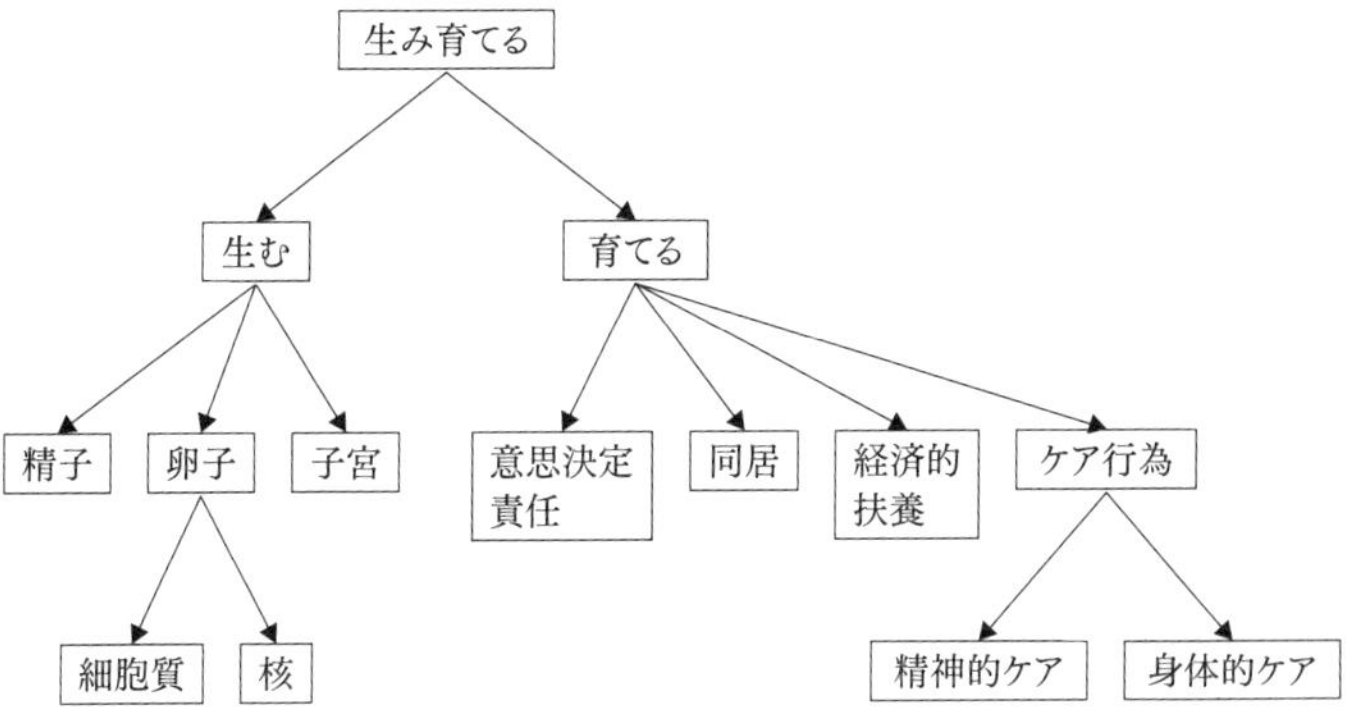

図1　生殖と養育の分解の例

替不可能なものとして社会的に構築されつつあるのかもしれない[17]。

生殖と養育に関与する第三者

さらに、現在注目するべきことは、生むこと、育てることがそれぞれ分解され（図1）、分解した各部分にカップル以外の第三者が関与するようになってきた[18]ことで、何を担えば親なのかが社会的に曖昧になってきていることである。そして、親子を構成する要素のどの部分を親子に（再）接続するかについて解釈の政治がおこなわれる。

生む場面では、精子提供、卵子提供、出産にカップル以外の第三者が関わるようになった。このことによって、従来の精子／卵子／子宮という要素が一対の男女だけに属していた状況が変化し、生みの親が複数存在する状況が顕在化してきた。

生みの親と育ての親の分離は、養子縁組や里親のケースなどこれまでも存在していたが、体外受精という技術によって、はじめて卵子を提供する女性と妊娠・出産する女性が分離した。これによって、生みの母が遺伝的母と生物的母に分離可能になった（第1章の日比野由利「代理出産における親子・血縁」を参照）。

生殖ツーリズムや商業的代理出産の現場では、何をもって親子ないし血縁とするかは、圧倒的に依頼者に都合がいい理屈がまかりとおっている。体外受精型の代理出産では、代理母の子どもへの愛着を切断するために遺伝的つながりを重視することで、生物学的なつながりの意味は格下げされる（第1章を参照）。

一方、養育の場面では、（生みの）親の身体的・精神的負担や、孤立した状態での育児に対する批判から、（生みの）親だけが子どもに関わるのでもなく、親以外の養育者が子どもに関わることが推奨されてきている。そのような議論の流れのなかで、（生みの）親と「切れない関係を持ちながら、ケアを他者に開いていく」[19]こと、養育を分解して、「親でしかできない部分は親が継続して行い、その他の部分はできるかぎり社会にゆだねて」[20]いくことが主張されてきている。

ここで、議論になるのは、「親でしかできない部分」の画定だろう。代替不可能だと思われている乳幼児の「母乳育児ですら、乳母や里親によって代替可能」[21]だと主張される。このように、子育てを限りなく外部化しても、親が最終的な養育責任を負う（＝養育のコーディネーター役割を担う）のであれば、たとえ育児をしていなくても、親でいられるという主張[22]や、育児をしていなくても、子どもを「気遣うこと」や「ケアに責任をもつこと」ができていれば親であることから逸脱していないという主張[23]もある。

とはいえ、児童養護施設に子どもを預けて、面会にも全くこないが、里親養育や養子縁組には同意せず、親権を手放さない親は非難され、親権停止や親権剝奪の議論の対象になる。「最終的な養育責任を負う」臨界はどこなのか。それは養育の分解の仕方によっても変化するだろうし、歴史・文化によって異なるだろう。それはまさに、解釈の政治がおこなわれる場なのである。

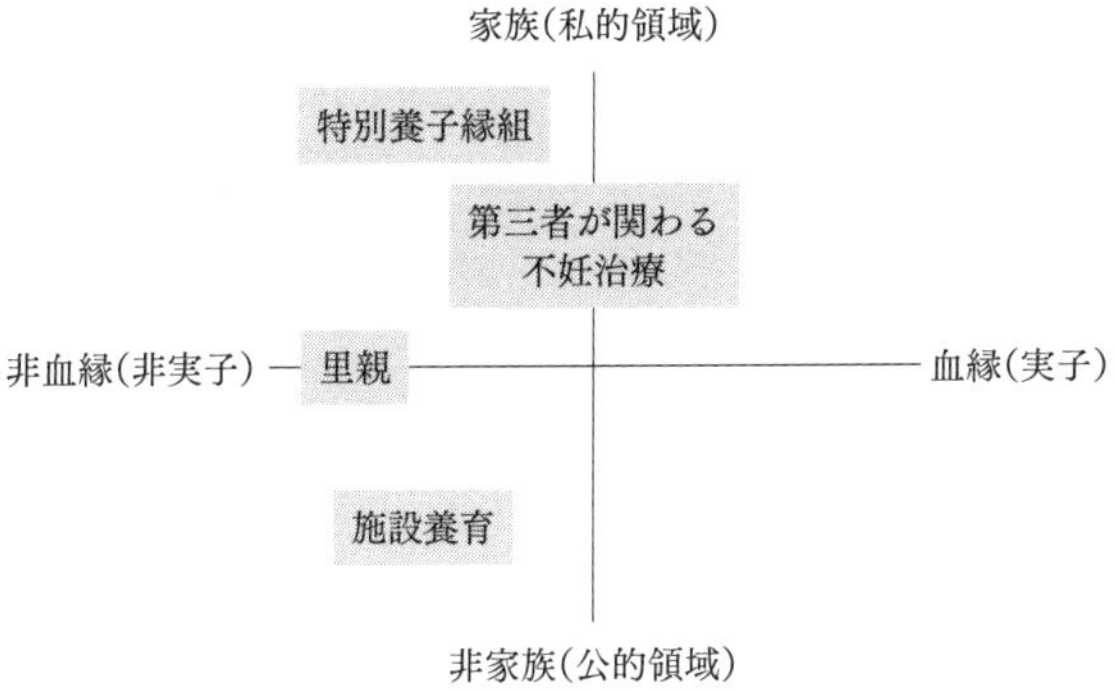

図2　血縁／非血縁、家族／非家族という軸でみた各事例の特徴

2　反転

共通の論点の第二は、親子・子育てに関する論点の反転である。本章では、親子関係と子育てを、血縁／非血縁、家族／非家族を軸に（ただし、境界事例も含む）、各事例について整理しながら横断的に考察してみよう。

ここでの血縁とは、夫婦の間に生まれた子どもを意味し、非血縁とはそれ以外を意味するが、精子提供、卵子提供による親子やステップファミリーのように、父母の片方と子どもに血縁関係がある場合もあり、その場合は血縁と非血縁の境界線上に位置づける。

また、ここでいう家族とは、法律上家族と規定され、同居している者を意味し、非家族はそれ以外を意味する。同居しているが法的関係はない里親子のような家族に近い「非家族[24]」は、家族と非家族の境界線上に位置づけられる（図2）。

血縁／非血縁での反転

非血縁親子、具体的には、第三者が関わる生殖補助医療による親子、養子縁組、里親養育、ステップファミリーなどの親子では、「生みの親こそ親である」という規範に対して批判をおこなってきた（＝「育ての親こそ親である！」）。しかし、最近では、非血縁親子のなかから、「育ての親こそ親である」という規範に対する批判も出てきている。前述したように、非血縁親子では、親として一度は相対化し、排除した生みの親を、子どもの出自を知る権利の保障という観点から、（法律上あるいは日常の交流レベルで）再び子どもと接続する傾向が共通してみられる。しかし、子どもが生みの親やドナーの情報などを得るのは容易ではない。その原因の一つとして「育ての親こそ親である」という規範が影響しているという指摘がある。例えば、精子提供で生まれた子どもがドナーへアクセスする際の障壁として「DI子については、育ててくれた人こそが親であり、生物学的親を知る必要はない[25]」という社会の見方があることが批判されている。出自を知る権利と（育ての親との親子関係の）排他性が両立しない現状から、最近では、育ての親との親子関係の「排他性を見直すべき[26]」だという主張もなされている。そこでは「血縁の相対化」の相対化（＝「育ての親こそ親である」という規範の相対化）と同時に、（生みの親へアクセスするための）「排他性の相対化」が起こっているといえる[27]。このように、親子関係が排他的になると、非血縁親子では論点が反転し、今度は生みの親を排除することになる（「生みの親こそ親である」という主張に対する批判から、「育ての親こそ親である」という主張に対する批判への反転）。

家族／非家族での反転

育児の社会化の流れのなかで、家族がおこなってきた子育てを社会化（＝脱家族化）しようとする動きがある。家族の、より正確には、（生みの母）親の養育負担に着目し、親を唯一の養育者とするのではなく、家族を外部に開き、複数の養育者を認め、子どもに社会や地域が関わっていくことの必要性が指摘されてきた。[28][29]

では、家族の外での養育（＝非家族での養育）ではどのようなことが主張されているのだろうか。現在の日本では、育児の社会化と「施設の家族化」（換言すれば、「家族の非家族化」と「非家族の家族化」）という相反する二つの動きが共存している。[30] 施設養護支持派が家庭養護に対して競合から協働へとスタンスを変化させたことが一つの要因となり、施設養護は家族・家庭を養育環境のモデルとし、施設の環境をどのように家族・家庭に近づけていくかという視点で議論を展開している。[31] そして、ここでは個別性や一貫性の保障という小規模のケアのメリットが家庭的な形態に結び付けられ、家庭的な環境ならばケアの質が担保されることが自明の前提となっている。[32] このように、子どもをケア・保護するべきという観点に立つと、家族／非家族で論点が反転する（表1）（家族は非

表1　家族／非家族で子どもを養育するケースでの論点

家族で養育するケース	非家族で養育するケース
複数がいい	単数がいい
固定しないほうがいい／（交代）代替性高い	固定したほうがいい／（一貫）代替性低い
集団がいい	個人がいい

家族に近づこうとし、非家族は家族に近づこうとする)。

また、家庭養護であり、社会化された育児でもある里親養育では、家族のなかで子どもが育つことがその最大のメリットだと考えられている。複数の養育者が入れ替わりで子どものケアをおこなっていたり、一人の担当者が大人数の子どもを監督したりする施設ケアと比較して、里親養育の利点として強調されているのは、「特定の大人との愛着関係」である。愛着関係が強調される背景には、二〇〇〇年以降に愛着に関する議論が拡大したことが挙げられる(第3章の和泉広恵「「家族」のリスクと里親養育――「普通の家庭」というフィクション」を参照)。

しかし、和泉が第3章で指摘したように、「特定の大人との愛着関係」を築くことができるのは、家族に限らない。小規模な施設や実際の家族以外の環境であっても、愛着関係の形成は不可能ではない。家族という形態をとっていれば、必ずしも愛着関係が形成されるとはかぎらない。しかし、このような問題意識が顕在化し、経験的に検証されることはほとんどない[33]。

また、里親養育が(家族での)養育に近づけば近づくほど、今度は表1の「家族で養育するケース」と同様の主張がおこなわれるようになるようだ。林浩康は、里親養育は専業主婦モデルの養育だと指摘し、「専業主婦モデルを是とする養育観に対し、そうした養育観の検証および新たな養育観に基づいた養育モデル[34]」を提示することの必要性を主張する。さらに林は「現在のように家庭が閉ざされ、核家族が一般化している状況のなかで、階層的組織化モデル論に基づきアタッチメントの形成を図る努力を里親家庭に求めること自体問題があ[35]」り、「母子関係の形成を基盤に据え、その関係性が人間関係の基礎となり、それが十分に形成されるまではその関係形成に母親は専念しなければならないという考え方」が「今日における里親養育において大きな影響を及ぼしている」[36]と指摘する。

林は心理学の知見から、里親以外の養育者がアタッチメント（愛着）対象となりうる条件としては、①身体的・情緒的なケアをしていること、②子どもの生活のなかの存在として持続性・一貫性があること、③子どもに対して情緒豊かに関わっていること、の三点を挙げ、ある程度の個別的関係形成が保証される保育所、ベビーシッター、レスパイト・ケア（家族によるケアを一時的に代替して家族にリフレッシュを図ってもらう支援）などの利用は十分に子どもの成長・発達を促す資源になりうると主張することで、専業主婦モデルに基づく里親養育に対するオルタナティブを提示する。[37]

このように、非家族が家族を模倣し、家族に近づくと、今度は脱家族への力がはたらくようだ。[38]この振り子のような現象をみると、藤間公太が指摘するように、家族／非家族の二項対立からいったん離れて、ケアを構想する新しい視点を獲得する必要があると考えられる。それは、個別性や一貫性を確保しながらも集団の積極的意義を再評価するような視点であり[39]、林が指摘したように、養育を構成要素に分解し、どの要素が最も重要なのか、また、構成要素をどのように組み合わせるのが最適なのかを問うような視点である。

3　競合——親子の序列化

論点の第三は親子の序列化である。いままでとは異なる新しい親子関係・子育てのあり方は、近代家族の親子関係・子育てと同等に扱われ、社会的に承認されるようになっていくのだろうか。ここでは、筆者の主たる研究対象である養子縁組を例に、親子の序列化について考察したい。養子縁組の場合、養子を他者に託す生みの親と、養子を引き取る育ての親の二つに分けて考察する必要がある（図3）。

育てる側に着目すると、親子のあり方に対する個人の選好が観察される。司法統計によれば、特別養子縁組で養親になる夫婦の大部分は実子がいない夫婦なので[40]、ここでは養親候補者として不妊当事者に着目する。不妊当事者が子どもをもちたいと思う場合、不妊治療、養子縁組、里親、子どもがいない人生などが選択肢として考えられるが、一般的に、不妊当事者は不妊治療を選ぶことが多いと指摘されている[41]。また、養子縁組を希望する不妊当事者の大部分に不妊治療経験があり（ただし、不妊治療を受けない不妊当事者ももちろんいる）、不妊治療を経たあと、出産を諦めて養子縁組に至ることが多い[42]。また、筆者の調査では、不妊当事者は法律上の親子関係が発生しない里親養育よりも、法律上の親子関係が発生する養子縁組のほうを選好していた[43]。つまり、不妊当事者にとって、子どもをもつための選好の序列は、①不妊治療、②養子縁組、③里親養育ということになる。

一方、子どもの養育が困難である生みの親が、養育を他者に託したい場合、親族、施設（乳児院・児童養護施設）、里親、養子縁組などの選択肢があるが、ここにも選好があるといわれている。生みの親は子どもを預ける先として施設を選ぶことが多く、家族（里親・養親）に預けることは好まないとしばしば指摘される。[44] このように、育ての親と生みの親の選好の序列は一致しない。また、政策面でも、あらゆる親子のあり方が同じ価値で並列しているわけではなく、重要度のランクづけや誘導がある。

ソーシャルワーカーなどの社会福祉の専門職は「国連ガイドライン」（「児童の代替的養護に関する指針」）の観点から、子どもの保護のあり方として、①養子縁組、②里親、③施設という優先順位を「子どものため」に主張する。しかし厚生労働省は、二〇〇〇年代に入って里親養育の推進を始めたものの、それ以前は施設養育と比較して、里親養育に力を入れていたとはいいがたい。[45] また、

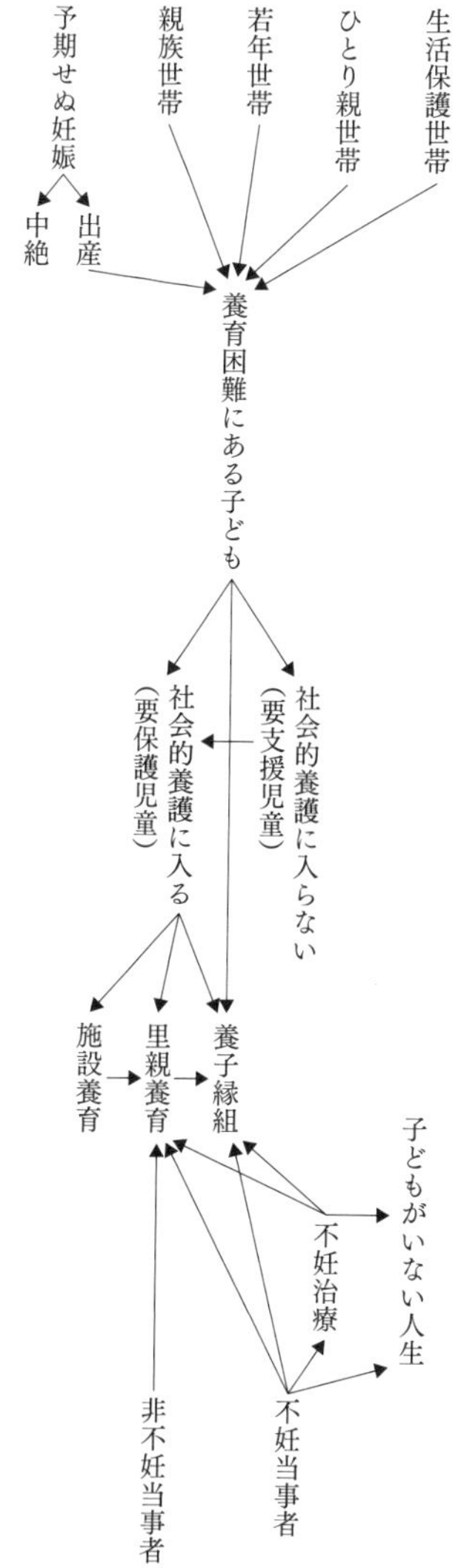

図3　養子縁組に至るまでの経路

表2　養子縁組に関わるステークホルダーの選好

育ての親	①不妊治療、②養子縁組、③里親
生みの親	①施設、②里親、③養子縁組
社会福祉専門職	①生みの親が育てる、②養子縁組、③里親、④施設
厚生労働省	①生みの親が育てる、②施設、③里親、④養子縁組

厚生労働省は養子縁組よりも里親養育を推進している。養子縁組より里親のほうが委託を受けるための条件が緩く、里親には里親手当が付けられる（養親には手当てが付かない）といった政策的な誘導がおこなわれている。さらに、児童養護に関わる各ステークホルダーも親子の序列化に関与している。例えば、土屋敦が第4章「「施設養護」での育児規範の「理想形の上昇」――一九六〇年代後半から七〇年代前半を中心に」で指摘したように、児童養護施設はホスピタリズムや愛着行動論などの知識を取り入れながら、保護対象児童の範囲を拡大することで、親子のあり方の序列化に一定の役割を果たしてきた。

このように、さまざまな選択肢は決して同じ価値づけで共存しているわけではなく、[46]政策と当事者の選好の序列は同一ではないため（表2）、それらの齟齬は複雑なかたちで発生しうる。[47]

おわりに

出産・子育てに生みの親以外の担い手が関与するような「ハイブリッドな親子関係」は、「血縁を超える／超えない」「家族を超える／超えない」「近代家族を超える／超えない」などの二分法に基づいて解釈されることが多かった。しかし、本書はそれらの二分法からいったん距離をおき、〈ハイブリッド〉という視点から「ハイブリッドな親子関係」を検討し、どのようにして家族や血縁が立ち現れるのかを明らかにしてきた。そして、従来の議論の仕方では見えてこなかった、①融合、②反転、③競合という論点を提示した。

最後に、「ハイブリッドな親子」をめぐる今後の論点について一つの見通しを提示してみたい。

本書の「はじめに」で、血縁を条件とする近代家族の親子観（「お父さん、お母さんと血がつながった子ども」）がときとして窮屈であり、葛藤のもとになることから、婚姻や血縁にこだわらずに家族をつくろうという「新しい家族」の議論が盛んになっていると述べた。

しかし、「新しい家族」の仮想敵を近代家族の要件である婚姻と血縁だとすると、同性婚を望む性的マイノリティのカップルや（当事者の主観では結婚している）事実婚カップル、子どもとの遺伝的つながりを求めて代理出産をおこなうカップルやシングルペアレントなどは、「新しい家族」から排除されてしまうことになる。彼／彼女たちは、従来の近代家族から排除されるだけでなく、近代家族に反発する「新しい家族」からも（婚姻や血縁にこだわる点で保守的であるとして）排除されてしまうのである。

このような状況を踏まえて、最近では、従来の婚姻と血縁を要件とする近代家族も含め「すべての家族を認めよう」「どのような家族も排除されない社会を目指そう」という主張[48]も出てきている。ここでは近代家族を絶対視しないという点では、近代家族に対抗するが、かといって、婚姻や血縁を敵視・否定するわけでもない。親子関係を例に考えるならば、問いの立て方が「生みの親か／育ての親か」という論点から、「生みの親だけでもなく、育ての親だけでもなく」という論点へシフトしているのかもしれない。とするならば、私たちは「血縁からの自由」だけを意識するのではなく、「血縁への自由」も意識する「血縁からの自由／血縁への自由」と相反することを意識する時代に入っているのかもしれない。

　では、今後、私たちはどのような課題に取り組むべきだろうか。「いろいろなかたちの家族」が肯定的に可視化され紹介されるなかで、注目を集めているのは「子ども」である。子どもは家族や親を選べない。そのために、大人がどんな選択をしようとも、子どもは家族形態や親にかかわらず、最低限の生活が保障され、スティグマやトラウマを負わされてはならない点が強調されている。子どもへ配慮することが「どのような家族も排除されない社会」を認めようという潮流のなかで唯一のルールになりつつあるようだ。そして、何が「子どもの利益」「子どもの権利」「子どもの福祉」なのかをめぐって、ますます多くの当事者や専門家が多様な言説を生み出している。

　実は、本章で指摘した親子の序列化や弱者にとって不利な解釈は「子どものため」という理念のもとに起こっている。また、本書の各章で取り上げたさまざまな「ハイブリッドな親子関係」のなかの家族や血縁関係も「子どものため」という理念と深く結び付いている。しかし、「子どものため」だとして主張されていることには経験的検証がなされておらず、エビデンス（証拠）がないものも実は多い。今後、子どもを核にした秩序の再編が起こるならば、「子どものため」という理念のもとに、何が組み替えられ、それがどのような影響を及ぼすのかをわれわれは注視していく必要がある。その際に、本章で提示した①融合、②反転、③競合という論点が、有用な切り口の一つになることを願っている。

注

（1）渥美雅子編著『家族をこえる子育て――棄児・離婚・DV・非行……を救うセーフティネット』工作舎、二〇一四年、二一七ページ

（2）例えば、渥美雅子「血縁をこえて」（同書所収）など。

（3）野辺陽子「シンポジウム報告 家族社会学における里親研究の射程と課題」「家族研究年報」第三十七号、家族問題研究学会、二〇一二年

（4）森岡正博は近代家族規範を「父と母の両方の遺伝子を受け継いだ子どもを、生物的な母が妊娠し、出産し、生まれてきた子どもを父と母が家庭内で育てる」と定義し、血縁も構成要素に含めている（森岡正博「生殖技術と近代家族」「家族社会学研究」第十三巻第二号、日本家族社会学会、二〇〇一年、二二ページ）。

（5）白井千晶は「近代家族は情緒的関係を基礎とし、非親族を排除し、性愛に基づくがために遺伝的関係を重視する」と血縁を構成要素に含めるが、もし、「血縁にこだわらない」としても、それは（血縁よりも）情緒的関係（「愛」「心」「絆」「つながり」）を上位におく近代家族ゆえだと解釈している（白井千晶「現代日本で里親であることとは――公共的に児童福祉を担うことと家族という私事性の両義性」、「特集 家族の変容と里親養育」「里親と子ども」第八号、明石書店、二〇一三年、三五ページ）。

（6）例えば、構成要素を、a：性、b：生殖・血縁、c：愛情、d：養育、e：同居、と考え、（a、b、c、d、e）という構成要素の集合が（a、c、d、e）という構成要素の集合に変化したら、それは変容と評価できるだろうか、それとも再生産と評価できるだろうか。

（7）もっとも、「家族」は常に〈ハイブリッド〉だったとも考えられるだろう。

（8）ウルリッヒ・ベック／エリーザベト・ベック゠ゲルンスハイム『愛は遠く離れて――グローバル時代の「家族」のかたち』伊藤美登里訳、岩波書店、二〇一四年、出口顕「越境する家族形成としての国際養子縁組――スウェーデンの事例を出発点として」「比較家族史研究」第二十九号、比較家族史学会、二〇一五年、渡辺秀樹「家族の内の多様性と家族の外の多様性」「家族研究年報」第四十号、家族問題研究学会、二〇一五年、米村千代「特集によせて」、前掲「比較家族史研究」第二十九号

（9）竹内みちる／樂木章子／杉万俊夫「産むことと育てることを分離する社会規範の可能性――NPO法人「環の会」の事例から」「集団力学」第二十七号、集団力学研究所、二〇一〇年、六二ページ

（10）「育てていなくても親である」と主張しているわけではない。しかし、生んでいない親「育てていなくても生んでいれば親である」というような主張は、必ずしも生んでいない親（例えば養親や里親）が子育てを外部化する場合（＝育ての親が育てない場合）は、しばしば非難を受けることがある。そのため、生みの親より育ての親のほうが「育てないこと」を認められないのかもしれない。

（11）「絆の会」編『家族づくり――縁組家族の手記』世織書房、一九九七年、iiページ

（12）岩崎美枝子「児童福祉としての養子制度――家庭養護促進協会からみた斡旋問題の実情」、養子と里親を考える会編、湯沢雍彦監修『養子と里親――日本・外国の未成年養子制度と斡旋問題』所収、日本加除出版、二〇〇一年

（13）松木洋人『子育て支援の社会学――社会化のジレンマと家族の変容』新泉社、二〇一三年、二四〇ページ

（14）「適度な距離を取る」とは、「他者であれば当然に遵守される規則を、逆に、親子の関係性に取り入れていく試み」のことである（土屋葉『障害者家族を生きる』勁草書房、二〇〇二年、二二六ペー

ジ)。

(15)同書二二一―二二五ページ

(16)なお、分離/接続のレベルにはグラデーションがある(生みの親やドナーが匿名か否か、交流できるか否か、法律上の関係はあるのか否かなど)。生みの親やドナーと子どもを接続する動きに伴い、最近では、生みの親が育てるか/育ての親が育てるかという二者択一ではなく、生みの親と育ての親が交流しながら子どもを育てるオープンアダプションなど中間形態も模索されている(野辺陽子「非血縁親子における「親の複数性・多元性」の課題――養子縁組における生みの親を事例に」、前掲「比較家族史研究」第二十九号)。

(17)同論文

(18)さらに、生殖にも養育にも第三者が関与するケースも想定される。第三者が関わる生殖補助医療で子どもを生んだケースで、子どもの養育を外部化するケースなど。

(19)土屋葉「関係をとり結ぶ自由と不自由について――ケアと家族をめぐる逡巡」、「特集 逃れがたきもの、「家族」」、「支援」編集委員会編「支援」第三号、生活書院、二〇一三年、三六―三七ページ

(20)中根成寿『知的障害者家族の臨床社会学――社会と家族でケアを分有するために』明石書店、二〇〇六年、一七三ページ

(21)上野千鶴子『ケアの社会学――当事者主権の福祉社会へ』太田出版、二〇一一年、一三九ページ

(22)藤原里佐『重度障害児家族の生活――ケアする母親とジェンダー』明石書店、二〇〇六年、前掲『知的障害者家族の臨床社会学』、前掲『ケアの社会学』

(23)前掲『子育て支援の社会学』二三八ページ

(24)藤間公太「代替養育の社会学――児童自立支援施設における参与観察・インタビュー調査から」慶

應義塾大学博士論文、二〇一四年、一一ページ
(25) 南貴子『人工授精におけるドナーの匿名性廃止と家族——オーストラリア・ビクトリア州の事例を中心に』風間書房、二〇一〇年、一〇二ページ
(26) 丸山茂「文化の革新としての次世代再生産」「国立女性教育会館研究紀要」第八号、国立女性教育会館、二〇〇四年、三ページ
(27) 前掲「非血縁親子における「親の複数性・多元性」の課題」
(28) 船橋恵子「〈子育ち〉の社会的支援と家族」「家族社会学研究」第十一号、日本家族社会学会、一九九九年
(29) 子育て支援の研究では、「育児の再家族化」(前掲『子育て支援の社会学』)が指摘されている。例えば、保育ママ制度では、地域の保育ママの女性が、「子育ての先輩」「母親代わり」として自分を位置づけて、有償で子育てを担う。そうすることで「地域で・女性が・子どもを育てる」という構造が再編成されると論じられている(相馬直子「「子育ての社会化」のゆくえ——「保育ママ制度」をめぐる政策・保育者の認識に着目して」「社会福祉学」第四十五巻第二号、日本社会福祉学会、二〇〇四年、四二ページ)。
(30) 藤間公太「子育ての脱家族化をめぐる「家庭」ロジックの検討——社会的養護に関する議論を手がかりに」「家族研究年報」第三十八号、家族問題研究学会、二〇一三年、九二ページ
(31) 同論文九一—九九ページ
(32) 同論文九九ページ
(33) そもそも、愛着理論も歴史的・文化的に構築されるものである(Anne-Marie Ambert, "An International Perspective on Parenting: Social Change and Social Constructs," *Journal of Marriage*

and the Family, 56(3), 1994, p. 531)。

（34）林浩康「里親養育の社会化と養育観」、「特集 里親養育の社会化」「里親と子ども」第九号、明石書店、二〇一四年、六五ページ

（35）同論文七一ページ

（36）同論文六六ページ

（37）同論文六七ページ

（38）もしくは、家族でもなく、非家族でもない、「親族」的な関係が目標とされることもある。例えば、林は「今後里親養育を推進する上で重要なことは、ある程度一貫した複数の養育の担い手を委託当初から確保し、インフォーマル、フォーマルな資源を含め擬似血縁的関係性の提供を保障することではないだろうか」（前掲「里親養育の社会化と養育観」六九ページ）と述べている。

（39）前掲「子育ての脱家族化をめぐる「家庭」ロジックの検討」一〇一ページ

（40）一九九八年の司法統計によると、特別養子の認容件数三百七十五件中、子どもがいない養親は三百二十八件（八七・五％）だった。なお、九九年以降は司法統計にこのような養子縁組の内訳が公開されなくなった。

（41）浅井美智子「生殖技術とゆれる親子の絆」、藤崎宏子編『親と子──交錯するライフコース』（「シリーズ家族はいま…」第二巻）所収、ミネルヴァ書房、二〇〇〇年、柘植あづみ『文化としての生殖技術──不妊治療にたずさわる医師の語り』松籟社、一九九九年

（42）『養親希望者に対する意識調査──「養子を育てたい人のための講座」受講者へのアンケート調査報告』家庭養護促進協会神戸事務所、一九九八年、野辺陽子「不妊治療の代替策としての養子縁組──養親と養子双方の観点から」、日比野由利編著『グローバル化時代における生殖技術と家族形

成』所収、日本評論社、二〇一三年

（43）野辺陽子「養子縁組の社会学――血縁をめぐる人々の行為と意識」東京大学大学院博士論文、二〇一四年

（44）全国児童相談所長会事務局『児童相談所における里親委託及び遺棄児童に関する調査報告書』（「全児相」通巻第九十一号別冊）、全国児童相談所長会、二〇一一年

（45）本書第3章、和泉広恵「「家族」のリスクと里親養育――「普通の家庭」というフィクション」参照

（46）親子には序列があるだけではなく、相互連関もしている。政策が特定の親子のあり方を広めようとするがために、ほかの親子のあり方を規制するような場合もある。例えば、中絶あるいはシングルの親の養育を容易にすれば、親が養育を放棄する子どもは減り、要保護児童数は一定数減少し、それに伴って養子候補者になる子どもも減少するだろう。

（47）複数の規範が併存・対立するメリットは、それぞれが影響力を相殺しあうことで、支配的価値を生まないこと、多元的価値が維持されることだろう。

（48）「家族のダイバーシティ（定形外かぞく）」（http://teikeigai-kazoku.jimdo.com/）［二〇一五年三月三日アクセス］

あとがき

本書は、二〇一四年九月七日に東京女子大学でおこなわれた第二十四回日本家族社会学会大会でのテーマセッション「親子関係と子育てをめぐる新たな秩序と実践——「血縁」に着眼して」(オーガナイザー:野辺陽子)での報告内容を下地に、大幅な加筆・修正と著書としての一貫性を模索するなかで編んだものである。テーマセッション後、本企画を一冊の著書として世に問えないか、という企画が持ち上がり、著者らの間でいくたびにも及ぶ議論を繰り返すなかで、最終的には本書のようなかたちにまとまった。とはいえ執筆期間中、著者の野辺陽子は高知(高知県立大学)に、松木洋人は大阪(大阪市立大学)に、日比野由利は金沢(金沢大学)に、土屋敦は徳島(徳島大学)に、また和泉広恵(日本女子大学)はサバティカルでシアトルに拠点があり、なかなか執筆者全員で顔を突き合わせての議論に時間が割けないなかで、ようやくこのようなかたちで本書を出版することになり、著者一同ほっと胸をなで下ろしている。

生殖補助医療の劇的な進展や特別養子縁組制度への注目の増大、里親制度の見直しや児童養護施設で生活する子どもをめぐる問題など、従来型の家族規範とは異なるかたちの親子関係や家族関係の形成が注目されている現状にあって、そうした親子関係や育児のあり方を「近代家族批判」という枠組みに回収するのでもなく、また「家族の多様化論」に全面的に依拠するのでもなく、それとは異なるかたちの捉え方ができないだろうか、そうした問題意識から本書を執筆した。また、そうした問題意識のなかから浮かび上がってきた作業が、「育児の社会化」概念の再検討であり、「ハイブリッドな親子関係」といったキーワードを手がかりに親子関係のあり方を描き直すことだった。本書の出来は著者以外の方からの評価をいただく以外にないが、本書が多くの議論の呼び水になることをわれわれは願ってやまない。

また、本書の企画がここまで曲がりなりにもたどり着いたのは、ひとえに青弓社の矢野未知生さんのおかげである。本書は、著者を代表して野辺陽子と土屋敦が本書の原型になったテーマセッションのレジュメと企画書を青弓社に持参し、矢野さんと議論したことからだんだん形になっていった。矢野さんには、まだ全体像が見えない断片の集合の段階から一冊の著書としての体裁が整うまで、随時的確なアドバイスをいただいた。また、原稿に対する丁寧なコメント、きわめて綿密な編集作業をしていただき、矢野さんにはただただ頭が下がるばかりである。心から感謝を申し上げたい。

二〇一六年八月

著者一同

［著者略歴］
野辺陽子（のべ ようこ）
1970年、千葉県生まれ
日本女子大学人間社会学部准教授
専攻は家族社会学、アイデンティティ論、マイノリティ研究
著書に『養子縁組の社会学』、共著に『子どもへの視角』（ともに新曜社）など

松木洋人（まつき ひろと）
1978年、兵庫県生まれ
大阪市立大学大学院生活科学研究科准教授
専攻は家族社会学
著書に『子育て支援の社会学』、共編著に『入門 家族社会学』（ともに新泉社）、『子育て支援を労働として考える』（勁草書房）など

日比野由利（ひびの ゆり）
1973年、京都府生まれ
金沢大学大学院医薬保健研究域医学系助教
専攻は社会学、生命倫理学
著書に『ルポ 生殖ビジネス』（朝日新聞出版）、編著書に『グローバル化時代における生殖技術と家族形成』（日本評論社）など

和泉広恵（いずみ ひろえ）
1972年、京都府生まれ
元日本女子大学人間社会学部准教授
専攻は家族社会学、福祉社会学、親子関係
著書に『里親とは何か』（勁草書房）、共著に『コミュニケーションの社会学』（有斐閣）、『現代日本の人間関係』（学文社）など

土屋 敦（つちや あつし）
1977年、静岡県生まれ
関西大学社会学部教授
専攻は福祉社会学、子ども社会学、家族社会学
著書に『はじき出された子どもたち』、共編著に『孤児と救済のエポック』（ともに勁草書房）、共著に『多様な子どもの近代』『子どもと貧困の戦後史』（ともに青弓社）など

〈ハイブリッドな親子《おやこ》〉の社会学《しゃかいがく》
血縁・家族へのこだわりを解きほぐす

発行―――2016年10月 7 日　第1刷
　　　　　2021年10月13日　第2刷
定価―――2000円＋税
著者―――野辺陽子／松木洋人／日比野由利／和泉広恵／土屋 敦
発行者――矢野恵二
発行所――株式会社青弓社
〒162-0801 東京都新宿区山吹町337
電話 03-3268-0381（代）
http://www.seikyusha.co.jp
印刷所――三松堂
製本所――三松堂

ISBN978-4-7872-3407-0 C0036